◁ BAB-Haseltalbrücke im Spessart

© Copyright by:

ZIETHEN-PANORAMA VERLAG
D-53902 BAD MÜNSTEREIFEL, Flurweg 15
Tel. (02253) 6047

9. überarbeitete Neuauflage 1997
 mit über 20 neuen Bildseiten

Gesamtherstellung:
ZIETHEN Farbdruckmedien GmbH
D-50999 KÖLN, Unter Buschweg 17
Fax: (02236) 62939

Printed in Germany

ISBN 3-921268-66-4

Redaktion / Buchgestaltung:	Horst Ziethen
Textautor / Einleitungstext:	Peter von Zahn
Bildseitentexte:	Michael Bengel
	Dr. Wilfried Rudolph
	Dr. Kurt Struve
Englisch-Übersetzung:	Gwendolen Freundel
Französisch-Übersetzung:	France Varry

Bildnachweis siehe letzte Seite

Deutschland
im Farbbild

BILDFOLGE – Bilderreise durch Deutschland
Contents – journey through Germany
Contenu – circuits touristiques à travers l'Allemagne

Ritterburg nach einer Originalzeichnung von G. Bauernfeind (Stich um 1890)

Peter von Zahn

Deutschland
im Farbbild

 ZIETHEN-PANORAMA VERLAG

Peter von Zahn

Deutschland - ein Märchen

Es ist nicht einfach, festen Boden unter den Füßen zu gewinnen, wenn man von Deutschland spricht. Da, wo wir unsere Betrachtung beginnen, im Norden, ist es eben erst aus dem Meer gestiegen. „Eben erst" heißt, daß es noch vor wenigen zehntausend Jahren von einer dichten Eiskruste bedeckt war, wie eine Sandtorte von Zuckerguß. Der Fachmann sieht es dem Lande an. Das Eis hat abgeschliffenes Felsgeröll hinterlassen, als es schmolz und sich zurückzog.

Das Nordmeer reichte bis in unsere historische Zeit tief ins Land hinein. Wo jetzt in Schleswig-Holstein eine flache, grüne Ebene über einen Brandungsstreif aufs Wasser blickt, zeigen die Karten des späten Mittelalters ein Inselgewirr. Nur allmählich verwandelte es sich durch Eindeichungen in zusammenhängendes Land. So richtig fester Boden war das nicht; er konnte jederzeit wieder ans Meer verlorengehen. Die Sagen der Nordseeküste erzählen von Wasser und Sturm und dem unablässigen Kampf des Menschen um sein Stückchen Land und die Weide für das Vieh.

Der Menschenschlag, der sich hier bildete, hat eine Menge Ecken und Kanten. Die Häuser stehen einzeln auf niedrigen Bodenerhebungen. Manche standen da schon vor tausend Jahren. Bei einer Sturmflut klopft das Meer an Tür und Küchenfenster und versucht das Stroh aus dem Dach zu reißen. Eine Kette von Inseln ist dem Festland vorgelagert. Das Leben ihrer Bewohner würde sich heute fast noch so abspielen wie einst, in zeitloser Einsamkeit, wenn nicht seit hundert Jahren im Sommer immer stärker ein Sturm vom Festland herwehte; dann überschwemmt die Flut der Urlauber die Inseln an der Nordseeküste. Leute aus dem Binnenland tummeln sich in der Brandung und liegen erst blaß und dann braun im Sand der Dünen. Zu Herbstanfang haben sie eine Stange Geld hinterlassen, die den Einheimischen beim Nachzählen ein lächelndes Kopfschütteln abnötigt.

Nicht ganz so stürmisch geht es an den langen, sandigen Küsten der Ostsee zu. Die Natur ist hier zahmer, der Wellengang schwächer. Die Inseln und Halbinseln, die dem Lande vorgelagert sind, ähneln Trittsteinen, über die man bequem nach Dänemark und Schweden gelangt. Wie an der Nordsee sind auch an der Ostsee auf dem Darß oder hinter den Steilküsten der Insel Rügen die Zimmervermieter im Winter unter sich, fahren zum Fischfang, melken das Vieh und trinken schon am Nachmittag ihren Tee mit viel Rum darin.

Wir nehmen jetzt etwas vorweg. Die Deutschen trinken Rum nur in Küstennähe. Landeinwärts genehmigen sie sich zum Bier einen Klaren, weiter im Süden nach dem Bier einen Obstler-Schnaps. Den trinken sie auch im Westen des Landes. Aber nicht, um dem Bier nachzuhelfen, sondern abwechselnd mit Wein. Es gibt Provinzen, zum Beispiel am Main in Franken, wo zwischen Wein und Bier tagein, tagaus eine schwierige Wahl zu treffen ist, und es gibt Landstriche, etwa bei Köln, wo obergäriges und untergäriges Bier um den Gaumen des Reisenden kämpfen.

Der Reisende tut gut daran, sich an die Getränke der Gegend zu halten, in der er sich gerade aufhält. Nur dort entwickeln sie ihren vollen Geschmack. Will er aber Champagner oder schottischen Whisky, so sind auch die flugs zur Stelle. Es gibt nichts, was es in der Bundesrepublik nicht zu kaufen gäbe. Damit ist keine allgemeine Korruption angedeutet. Aber puritanische Beschränkungen der Lebensfreude zu gewissen Tageszeiten oder an bestimmten Tagen, so wie man sie in angelsächsischen und skandinavischen Ländern für angebracht hält, bleiben dem Reisenden durch das Schlaraffenland zwischen Nordsee und Alpen erspart.

Es hat Zeiten in Europa gegeben, da liefen die Leute zusammen, um die Deutschen saufen zu sehen. Das ist vorbei. Wer zum Oktoberfest nach München geht, beteiligt sich nach wenigen Maß Bier an der allgemeinen Fröhlichkeit und verliert den prüfenden Blick für völkerkundliche Eigentümlichkeiten. Die gerühmte Trinkfestigkeit der Burschenschaftler in Heidelberg oder Bonn ist ein Ding des vergangenen Jahrhunderts. Vielmehr sieht man dort Studenten und Dozenten morgens heimkehren, berauscht von einem Dauerlauf über fünf Kilometer. Danach trinken sie höchstens ein Wässerchen aus den vielen Mineralquellen des Landes.

Das Unerwartete ist in Deutschland die Regel. Dem langjährigen französischen Botschafter Jean François-Poncet wird die Äußerung zugeschrieben: „Wenn man von einem Deutschen erwartet, daß er sich teutonisch gibt, reagiert er wie ein Römer. Versucht man es dann mit lateinischer Logik, entschlüpft er plötzlich mit slawischem Charme."

Im Hexenkessel der Jahrhunderte wurden die Gene der Deutschen durcheinandergewirbelt. Deutschland wurde ein Sammelsurium europäischer Eigentümlichkeiten. Seine Zivilisation entstammt dem römischen Weltreich. Von da kam mit dem Wein auch das Christentum zu den Germanen. Die gaben es den slawischen Stämmen an der Elbe und Oder weiter. An Feuer und Blut wurde dabei nicht gespart. Vielleicht, damit sich das Kreuz besser einpräge.

Kehren wir noch einmal zu den Bewohnern der Küsten an Ost- und Nordsee zurück. Die Römer sind mit ihrer tüchtigen Militärverwaltung nie in die norddeutsche Tiefebene gelangt. Die Nachkommen der ungezähmten Germanen, die dort leben, pochen auf ihre Unabhängigkeit und vergessen nicht, auf den Giebeln ihrer riesigen Fachwerkhäuser gekreuzte Pferdeköpfe anzubringen - nicht gerade ein christliches Symbol. Sie nannten sich Sachsen oder hießen Angeln. Nachdem sie als Vorläufer der skandinavischen Wikinger jenseits der Nordsee ein beträchtliches Stück von England besiedelt hatten, gingen sie als Angelsachsen in die Weite der Weltgeschichte ein. Sie gaben ihr einen Verlauf, den die daheimgebliebenen Sachsen nicht ahnen konnten.

Nach der zwangsweisen Bekehrung durch Karl den Großen wurden sie in östlicher Himmelsrichtung tätig und brachten den slawischen Stämmen zwischen Ostsee und Elbe das Vaterunser bei. Sie bauten Festungen und klobige Wehrkirchen, von denen die eine oder andere heute noch steht. Ihr bedeutendster Herzog hieß mit Beinamen „der Löwe". Seine Frau war eine englische Prinzessin, die vermutlich einen halben Kopf größer war, als der streitbare Ehegemahl. Man kann die beiden in Stein gehauen im Dom von Braunschweig liegen sehen und muß sich vorstellen, daß unter ihrer Herrschaft der große Prozeß der Mischung zwischen Germanen und Slawen begann. Er hat sich fortgesetzt bis in unser Jahrhundert. Die Bürgerhäuser in Lübeck, Hamburg und Bremen sahen die blonden Dienstmädchen mit den breiten Backenknochen aus den Dörfern Mecklenburgs recht gern und ließen sie mehr sein als nur das Aschenbrödel. Man lese das nach in den „Buddenbrooks" bei Thomas Mann.

Einwanderer vom Rhein und vom Main kamen. Sie gründeten inmitten der slawischen Dörfer zwischen Elbe und Weichsel ihre Städte nach deutschem und Klosterschulen nach lateinischem und Verwaltungskanzleien nach römischem Recht. Sie heirateten. Sie vererbten ihren Kindern eine gut singbare Sprache. Ihr Adel nannte sich nach den slawischen Namen der Güter, die er sich nahm. Wenn er sich vorstellte, klang es wie Vogelgezwitscher im Frühling. Zitzewitz? Nein, Itzenplitz!

Da, wo Herzog Heinrich der Löwe mit seinen Städtegründungen begann, sah man während der vergangenen vierzig Jahre hinter Gräben und Wachttürmen die Außenposten des russischen Weltreichs. Seit der unblutigen Revolution von 1989 ziehen sie sich aus Deutschland zurück. Die Gräben sind zugeschüttet, die Wachttürme verwandeln sich in Baumaterial. Die Bürger der Bundesrepublik besuchen wieder die Backsteindome von Rostock und Greifswald, sie entdecken erneut die Barockpracht des Zwingers in Dresden und fotografieren die Chinoiserien des Rokokoschlosses Pillnitz an der Elbe, es wird ihnen schwindelig, wenn sie von der „Bastei" in die schroffen Klüfte des Elbsandstein-Gebirges hinabblicken, sie nehmen den Schaufelraddampfer elbabwärts und streicheln vorsichtig die zartbunten Erzeugnisse der ältesten Porzellanmanufaktur Europas in Meißen. Die Einwohner von Mecklenburg und Sachsen dagegen reisen in den Westen, der ihnen so lange versperrt war.

Reisefreiheit bedeutet auch, daß sie in Rostock, Saßnitz oder Lübeck die Auto- oder Eisenbahnfähre nach Skandinavien besteigen und, leicht ermattet von zuviel Smorgasboard, in die Tiefen der deutschen Geschichte blicken können. Lübeck war drei Jahrhunderte lang das Zentrum der Hanse - eines Vereins, den man als einen äußerst gelungenen Vorläufer der heutigen Europäischen Gemeinschaft bezeichnen kann. Es war ein Sicherheitsbund handeltreibender Kaufmanns-Städte. Er erstreckte sich von Flandern quer durch Nordeuropa bis nach Nowgorod und ins norwegische Bergen. Was heute in Brüssel beabsichtigt ist, wurde damals in Lübeck praktiziert - der Handel mit Hering, Wolle, Salz und Getreide wurde nach einheitlichen Regeln betrieben. Er brachte den Ratsherren Einfluß, den Handelshäusern Reichtum und den Bürgern jenen backsteinernen Stolz, den das Marientor, die Kirchen und das alte Rathaus von Lübeck ausstrahlen.

Die beiden großen Seehäfen an der Nordsee, Hamburg und Bremen, fühlen sich immer noch vom Geist der Hanse angeweht. Ihre Wagen tragen das H für Hanse auf dem Nummernschild. Es sind nach wie vor Stadtrepubliken, wie es sonst in Europa nur Venedig und Genua waren. Man möchte sie dazu beglückwünschen, daß ein Staatsbesuch der englischen Königin in der Bürgerschaft zunächst Freude und dann eine heftige Diskussion darüber auslöste, ob der Erste Bürgermeister die Royalty oben auf der Ratstreppe stehend empfangen oder ihr entgegenschreiten soll. Der Erste Bürgermeister von Hamburg ist zwar für anderthalb Millionen Hanseaten nur Gemeindevorsteher. Seinem verfassungsmäßigen Rang nach steht er aber mit dem Ministerpräsidenten des großen Freistaates Bayern auf einer Stufe. Die Reize und Freuden Deutschlands liegen darin begründet, daß es sich nicht über einen Kamm scheren läßt.

Wir haben uns schon zu lange an der Küste und an den ehemaligen Grenzen aufgehalten. Es wird Zeit, ins Innere dieses geheimnisvollen Landes vorzustoßen.

„Der Wald steht schwarz und schweiget

und aus den Wiesen steiget

der weiße Nebel wunderbar".

Matthias Claudius hat den sanften Schauer umschrieben, den so manche deutsche Landschaft in uns auslöst - und nicht nur in uns. Die europäischen Nachbarn im Westen und Süden haben häufig Betrachtungen angestellt über das rätselhafte Verhältnis der Deutschen zur Natur, genauer gesagt, zu ihrem Wald. Sie haben manchmal die Wälder zwischen Harz und Spessart, zwischen Eifel und Erzgebirge beschrieben, als sei das immer noch der Sitz von Riesen und Feen, ein Unterschlupf für Zwerge und Kobolde.

Sie stellen es so dar, als habe sich der Deutsche im Verlauf seiner Geschichte alle hundertundfünfzig Jahre einmal in die Urwälder seiner Seele zurückgezogen, um daraus wie ein Berserker hervorzubrechen und wild um sich zu schlagen. Wir vermögen nicht mehr so recht an diese romantische Beziehung zwischen Wald und Barbarei zu glauben, geben aber zu, daß für viele Deutsche der Gang - nein, die Wanderung - durch den Wald ein läuterndes Ritual darstellt: gern sieht er dabei den Turm einer verwitterten Burg über die Baumwipfel ragen und hört die Glocken einer Abtei aus dem Waldgrund heraufklingen.

Doch vergleicht man den Waldmythos mit der Wirklichkeit, so sieht alles etwas anders aus: Saurer Regen und giftige Abgase haben dem Prunkstück der deutschen Seele zugesetzt. Der Wald ist ohnehin kein Urwald mehr, in den sich die römischen Legionen ungern hineinwagten, kein Dickicht, das im Mittelalter die Köhler mit ihrem Qualm erfüllten, sondern er ist ein Forst mit Nummern und bunten Bezeichnungen, aufgestellt wie eine Kompanie preußischer Soldaten. Ein Paradeplatz ist es für Kiefern oder Fichten in Reih und Glied. Mechanisch werden sie in Zeitungspapier verwandelt, auf dem sich fein drucken läßt, wie schlecht es dem deutschen Wald geht. Tatsächlich ist es alarmierend, was Jäger und Förster berichten.

Die Anhänglichkeit des Deutschen an seinen Wald wird besonders in den fünf neuen Bundesländern auf eine harte Probe gestellt: dort ist infolge des sozialistischen Wirtschaftssystems die Braunkohle jahrzehntelang fast die einzige Energiequelle gewesen. Die Emissionen der Groß-chemie, der Trabi-Zweitaktmotoren und der Briketts, die in hunderttausenden von Öfen verheizt wurden, haben die Bäume des Erzgebirges entblättert und die Gebiete um Bitterfeld und Halle in ätzenden Industrienebel gehüllt. Er frißt an den Fassaden prächtiger Bürgerhäuser und berühmter Kirchen in Leipzig und macht es augenscheinlich, daß hier bis weit ins nächste Jahrtausend hinein Umweltschutz ganz oben auf der Tagesordnung stehen muß.

Wald ist potentielle Kohle. Unter dem Gebiet nördlich der Ruhr liegen enorme Wälder, die sich vor Millionen von Jahren durch das Gewicht tausend Meter dicker Gesteinsschichten zu Kohleflözen zusammenpressen ließen. Das war die eine Grundlage für die deutsche Schwerindustrie: aufgespeicherte Massen von schwarzer Energie. Die andere Voraussetzung war der Zustrom von jungen Muskelmännern aus den Ostprovinzen - billig und willig, fleißig und genügsam. Hundert Jahre lang. Die dritte Voraussetzung war die technische Fertigkeit der Ingenieure und Bergleute, welche die Kohle aus ihrer tiefen Verborgenheit holten und dann verhütteten zu Eisen und Stahl. Und schließlich gehörte dazu noch die Nähe der anderen Industriegebiete Europas; die Schwergewichte von Eisen, Koks und stählernen Maschinen schwammen über die Wasserwege Ruhr und Rhein zu dem, der sie brauchte. Preiswert.

Das ist in vier Punkten das Geheimnis der Ruhrindustrie. Das die europäischen Nachbarn aus ihr ein Monster und ein Mythos machten, versteht sich bei der märchenbildenen Tendenz des Deutschen von selbst. Die Landschaft trägt zu dem Gefühl bei, keinen festen Boden unter den Füßen zu haben. Plötzlich senkt sich das Straßenpflaster oder muß eine Häuserzeile geräumt werden, weil tief unter ihr ein verlassener Stollen zusammengebrochen ist. Betrachtet man das Revier heute, so ist es ganz und gar nicht bedrohlich. Es befindet sich in einer Phase der Umstellung von Schwerindustrie auf High-Tech. Vom Bergmann zum Computer-Fachmann. Vom gewichtigen Massengut zum elastischen Gespinst der Dienstleistungen.

Die Menschen der Ruhr stammen fast alle von Einwanderern ab. Sie wollen bleiben, wo sie sind. Auswanderer wollen sie nicht werden. Mit welch rührender Liebe sie ihr Gärtchen hinter der grauen Häuserzeile pflegen! Wie sie es mit Zwergen und Rehen aus Gips bevölkern, mit welcher Befriedigung sie ihre Brieftauben in den Schlag einfallen sehen! Da wird eine Nachricht automatisch zur frohen Botschaft, weil sie angekommen ist.

Natürlich ist die Heimat zwischen Zechen und Hochöfen nie so ansehnlich gewesen, wie das Tal der Mosel oder die Alpenkette. Aber die Zechen werden weniger; wo sie einst rauchten, bilden sich grüne Oasen. Das Ruhrtal südlich von Essen gleicht bereits einer Kur- und Urlaubslandschaft. Und dann: kann man im Tal der Mosel oder zwischen Garmisch und Oberammergau so hingebungsvoll brüllen, wie die Fans es tuen, wenn in der Fußballbundesliga die beiden Nachbarvereine Schalke und Borussia Dortmund aufeinanderprallen?

Der ökonomischen Logik zufolge wird sich das Ruhrgebiet weiter wandeln. Es war hundertundfünfzig Jahre lang das deutsche, das europäische Kraftwerk. Doch die deutsche Wirtschaft lebt heute mehr und mehr vom Export feinster Apparate. Jahrzehnte lang hat das Revier vornehmlich ein Märchen gepflegt: das Märchen von der Kohle als dem angeblich einzigen deutschen Rohstoff. Heute wissen die Menschen im Industrierevier, daß nicht Kohle und Erz den Reichtum eines Volkes ausmachen. Weshalb denn allerorten zwischen Düsseldorf und Dortmund Universitäten und technische Lehranstalten das Panorama der Städte verändern. Der ergiebigste Rohstoff und seine beste Verarbeitungsstätte zugleich ist nun einmal das menschliche Hirn.

Ohne volkswirtschaftliche Vorbildung schließt sich dieser Annahme jeden Abend das Publikum an, das die Theater von Nordrhein-Westfalen füllt. Es muß insgesamt wohl soviel Bühnen wie in London geben, und sie sind quer durch das Ruhrgebiet nicht weniger leicht zu erreichen, als die in London. An Kraft der Erzählung, ja, der Mythenbildung kommt vielleicht keine Bühne dem Tanztheater von Pina Bausch gleich. Es hält sich und wird gehalten, wo niemand sein Publikum (oder zahlungswillige Stadtväter) vermuten würde: in Wuppertal, der Stadt der Schwebebahn. Das ist in einem engen Flußtal eine technische Utopie des 19. Jahrhunderts, die von Jules Verne stammen könnte; auch das 20. Jahrhundert wird sie wohl noch überdauern.

Ich hätte die Schwebebahn nicht im Zusammenhang mit dem Ruhrgebiet erwähnt, hätte ich sie an irgend einer anderen Stelle meiner Fabel aufhängen können. Sie ist in ihrer bescheidenen Eleganz kein Teil des Reviers. Dazu gehört vielmehr die Villa Hügel des alten Alfred Krupp. Wem eigentlich wollte er mit diesem Versailles der Eigenheime imponieren? Den Besitzern der alten Wasserschlösser dieses Landstrichs konnte er es an Grazie der Lebensführung nicht gleichtun. Doch ist das wohl ein Zeitphänomen, daß man, gleich den heutigen Großbanken mit ihren Hauptquartieren in Frankfurt durch erdrückende Größe andeutet, für was man sich hält. Richard Wagners „Ring der Nibelungen", König Ludwig des Zweiten Schloß Neuschwanstein und die Villa Hügel geben sich da nichts nach.

Es war eine Zeitlang auch unter Deutschen üblich, einen Einschnitt ihrer Zivillisation in Gestalt des Limes zu sehen. Mit dieser großen Befestigung schützten die römischen Kaiser das kultivierte Germanien, also Süd- und Westdeutschland, vor den Einfällen aus dem ungezähmten Germanien des Nordens und Ostens. Der Theorie zufolge hatten die Stämme innerhalb des Limes einen vier Jahrhunderte währenden, quasi fliegenden Start in die Kultur. Die außerhalb hinken in ihrer Entwicklung nach und erreichen, hinter vorgehaltener Hand sei es gesagt, die klassischen Maßstäbe Europas bis heute nicht. Nach Ansicht der Kritiker konnten aus Menschen außerhalb des Limes nur Lutheraner und Bilderstürmer, preußische Feldwebel, Bismarckianer oder Sozialdemokraten werden, aber keine gemütlichen Deutschen. Umgekehrt galten seit jeher bei den „Nordlichtern" die Menschen südlich des Mains (also des Limes) als unsichere Kantonisten, harter Arbeit abgeneigt, ungebildet und technisch unbegabt.

Als Theorie von den Ursachen kultureller Unterschiede taugt diese Geschichte nicht viel. Sie erklärt nicht, warum im nüchternen Nord- und Ostdeutschland die Musik von Schütz, Händel und Wagner entstand, während im technisch „zurückgebliebenen" Süden der Bau von Kathedralen, Patrizierhäusern und Palästen seine feinste Blüte erreichte. Der Beobachtung liegt aber ein richtiger Kern zugrunde. Irgendwie ändert sich an Rhein und Main das Lebensklima. Der Limes erklärt nicht die Entstehung des Protestantismus, aber er trennt - eher zufällig - den nüchternen Protestantismus von den hauptsächlich katholischen Landen. Es ist eine Sache der Heiterkeit. Der Wein wächst außerhalb des Limes nicht, die Verkleinerungs- und Liebkosungssilbe „...lein" des Südens wandelt sich in den weniger anheimelnden Rachen- und Gaumenlaut „...chen", wenn man nach Norden kommt - aber letzten Endes liegt der Unterschied auf einer anderen Ebene, nämlich in der Einstellung zum Heiligen Römischen Reich Deutscher Nation.

Dieser Alptraum der Staatsrechtler umfaßte in seinem tausendjährigen Bestand mehr als das, was heute Nord-, Ost- oder Süddeutschland genannt wird; ein gutes Stück von Europa gehörte dazu. Sein Schwerpunkt lag nicht da, wo der Kaiser auf seinem Thron saß, also meistens in Wien, und von wo er der Theorie nach über 300 oder mehr große und kleine und kleinste Souveräne herrschte. Er lag in den Bistümern, Reichsstädten und kleinen Residenzen. Die Geburtsstadt Goethes, die freie Reichsstadt Frankfurt, gehörte dazu, und die Stätte seines Wirkens, das großherzogliche Weimar in Thüringen. Hier fand das Reich seine gemütliche Ausprägung. Hier verband ein dichtes Geflecht altgeheiligter Rechte und Pflichten den Untertan mit seiner Obrigkeit. Der Kaiser mit seinen Gerichten sollte darüber wachen, daß keiner in seinen Rechten gekränkt wurde. Daraus entstand über die Jahrhunderte ein eher zutrauliches und sorgsames Verhältnis zwischen denen unten und denen oben.

Dagegen wurden die Territorien des Nordostens ganz rationell und fortschrittlich in wenigen, großen Verwaltungseinheiten regiert. Vom Untertan wurde nicht so sehr ein Pochen auf alte Rechte, als Gehorsam verlangt. Zwischen dem Bauern am Main und seinem Kaiser gab es den

Abt der Reichsabtei im Nebental; da war der Kaiser nahe. Zwischen dem Bauern in der Altmark und seinem Kaiser aber gab es außer dem zuständigen Grundherren noch den Landrat und hauptsächlich den König von Preußen, und da war der Kaiser weit.

Dieses Reich nannte sich heilig, und verglichen mit den Nationen-Staaten ringsum war es das auch auf seine eigene, märchenhafte Weise. Es war auf Bewahrung, nicht auf Erweiterung aus und es tat niemandem etwas zuleide. Schon deshalb nicht, weil der Kaiser meistens glücklich war, wenn ihn Franzosen und Schweden in Ruhe ließen, oder Türken und Preußen keine Stücke seiner Länder wegnahmen.

Der Schwerpunkt des alten Reichs lag am Rhein. Zwischen die alten Münster und Kathedralen von Xanten, Köln, Bonn, Mainz, Speyer und Worms - Stätten der Verehrung römischer Götter bereits zu Zeiten der Legionen - spannt sich heute die Kette der Kraftwerke, Fabrikhallen und Verwaltungshochhäuser, von deren Arbeit ein beträchtlicher Teil der Deutschen lebt.

Der Rhein selbst macht das anschaulich: meistens überwiegen in seinen Windungen die Lastkähne, nur manchmal die Ausflugsdampfer, von denen aus der Fremdenführer auf die Berge, Burgen und Weindörfer rechts und links deutet und Sagen erzählen kann. Ihre Anschaulichkeit verdoppelt sich angesichts des ehemaligen Sitzes der alliierten Hochkommissare auf dem Petersberg, im Vorbeigleiten an der Adenauer-Villa oberhalb von Rhöndorf und beim Anblick der berühmten Brücke von Remagen. Auch diese Erinnerungen sind inzwischen in den geschichtlichen Humus eingegangen, aus dem Germany lebt.

Das Verhältnis der Völker zu ihren Hauptstädten ist aufschlußreich. Die Franzosen erheben ihre Hauptstadt flugs zur Hauptstadt der Welt, obwohl sie, wenn sie nicht selbst einer sind, die Pariser nicht ausstehen können. Die Amerikaner halten von ihrer Hauptstadt Washington nicht viel, von der Regierung darin gar nichts. Das sei nicht Amerika. Die Deutschen haben während ihrer gesamten Geschichte nur einmal fünfundsiebzig Jahre lang eine eigentliche Hauptstadt besessen, nämlich Berlin, und die haben sie nicht sonderlich geliebt.

Berlin war dreißig Jahre lang durch eine unübersteigbare Mauer in zwei Teile zerlegt. Seine westliche Hälfte war infolge ihrer Insellage, 180 Kilometer von der Bundesrepublik entfernt, ständiger Erpressung ausgesetzt. Die Mauer fiel am 9. November 1989 unter dem Beifall der ganzen Welt. Seitdem wächst die Stadt mit ihren fast dreieinhalb Millionen Einwohnern wieder zusammen und erhebt als bedeutendes Industrie- und Verwaltungszentrum den Anspruch darauf, die offizielle Hauptstadt und der Regierungssitz Deutschlands zu sein.

Berlin beherbergt zwei Pandas, den Kopf der Nofretete, den Pergamon-Altar und das rasanteste Nachtleben des Kontinents. Sein Congress-Zentrum sieht aus wie ein auf Grund gelaufenes Schlachtschiff. Seine türkische Bevölkerung ist so zahlreich wie die einer Großstadt in der Türkei. Unzählige Agenten von zwei Dutzend Geheimdiensten aus Ost und West verkrümeln sich nur allmählich, aber hunderttausend Studenten bleiben. Es bleiben und vermehren sich die mitteilsamsten Taxifahrer der nördlichen Erdhälfte und es bleibt ringsum eine Wald- und Seenlandschaft wie aus dem Märchen.

Bonn hat es da schwer mitzuhalten, obwohl dieses ehemalige Hauptquartier der II. röm. Legion (Minerva) als Stadt den Berlinern um gute zwölfhundert Jahre voraus ist. Es gibt sich bescheiden. In den entsprechenden Nachschlagewerken wird es als provisorische Hauptstadt geführt. Seine Prachtstraßen stammen noch aus der Zeit, als der regierende Souverän ein Erzbischof von Köln, Kurfürst und erster Paladin des Reiches war. Zu Gedenkstätten, wie sie unsere Zeit für die häufigen Staatsbesuche ausländischer Potentaten verlangt, hat man sich noch nicht aufschwingen mögen - wohl in dem Gefühl, daß Beethovens Geburtshaus vollkommen ausreicht, in Besuchern einen Anflug von Andacht zu erwecken. Bombast ist Bonn, als einer Stadt der Gelehrten und Bürokraten unheimlich; Politiker, die sich daran versuchen, müssen bei der Erinnerung an Adenauers kühlen Witz verstummen. Die Bundesbürger lassen es die Bonner Bürger nicht entgelten, daß sie täglich in den Fernsehnachrichten durch die selben Bilder von denselben sterilen Regierungsgebäuden mit auswechselbaren Figuren davor gelangweilt werden. Die Bonner können ja nichts dafür; ein leidenschaftliches Verhältnis zueinander kommt dabei aber nicht zustande. Bonn tröstet sich mit Drachenfels und Siebengebirge; die Bundesbürger konzentrieren ihre freundliche Empfindungen, wenn sie der Obrigkeit gegenüber welche haben können, auf die Hauptstadt ihres jeweiligen Landes.

München und Stuttgart sind dafür gute Beispiele. Beides sind ehemalige Residenzen wichtiger Reichsfürsten - München als Regierungssitz ist sogar fast so alt wie der Staat Bayern selbst, und das ist der älteste und ehrwürdigste in Deutschland. Stuttgart entwickelte sich langsamer zur Legende - wohl weil die schwäbischen Landesherren zu Zeiten des Staufergeschlechts kein Sitzfleisch hatten, sondern gern in kaiserlichen Geschäften unterwegs waren, mal in Italien, mal im heiligen Land. Aber Stuttgart hat aufgeholt. Die sparsamen Schwaben sehen respektvoll zu, wie sich ihre Landeshauptstadt mit aufwendigen Museen schmückt, sie dulden es sogar, wenn der gegenwärtige Regierungschef so viel außer Landes weilt wie die Stauferfürsten einst; man weiß, daß er es für die Wirtschaft seines Ländles tut, sooft er in China mit Stäbchen ißt oder in Moskau den Kremlführern und dem Wodka zuspricht.

Herzhafte Antipathien zwischen Nord und Süd, Ost und West gehören zu Deutschland wie die böse Fee ins Märchen. Die technische und militärische Überlegenheit der Preußen im 19. Jahrhundert ließ sie auf die Staaten südlich der Mainlinie mit schlecht verhüllter Verachtung herabschauen. Der Berliner galt umgekehrt in Bayern als großmäulig, in Schwaben als indiskret. Als Hitler das preußische Prinzip der Überbewältigung mit Technik zu Tode geritten hatte, zerfiel alles; nur der norddeutsche Dünkel angesichts der bäurischen Bayern und der schaffenden Schwaben blieb intakt.

Über bayerische Trachtenhüte und Trinksitten konnte man sich totlachen. Aber während man noch im Norden der Mainlinie damit beschäftigt war, bayerische Politik als Wirtshaus-Rauferei darzustellen, und schwäbische als biederes Häusle-Bauen, siedelten sich die Zukunfts-Technologien in Süddeutschland an. Der Unternehmer galt dort nicht von vornherein als Ausbeuter. Er begegnete einer gebildeten und weitsichtigen Verwaltung. Die süddeutschen Schulen hatten in der Zeit des Hinterfragens nicht aufgehört, ihren Schülern das Lernen beizubringen. Sie sorgten für Nachwuchs.

Das Ergebnis läßt sich an neuen Industrie-Strukturen und einer wachsenden Schicht technischer Tüftler ablesen. Die ländliche Umgebung Stuttgarts und Münchens verwandelte sich in Zentren hoher industrieller Leistung. Mercedes und MBB, BMW und IBM sind die Paradepferde. Der eigentliche Antrieb kommt aus dem Vergnügen, das die Nachkommen alter Handwerksgeschlechter an solider und perfekter Arbeit haben. Mercedes rühmt sich heute eines hohen Grades von Automatisierung. Eines Tages wird vielleicht bei der Produktion überhaupt keine Menschenhand mehr im Spiel sein. Dann wird man sich bei Stuttgart die Sage erzählen von dem älteren, bebrillten Schwaben, der in den Achtziger Jahren in den Montagehallen von Mercedes stand und hundert Mal am Tage die eben eingesetzte Türe des 300 E ins Schloß fallen ließ. Am Klang spürte er, ob Tür, Schloß und Karosserie den Ansprüchen entsprachen, die damals an einen Mercedes gestellt wurden. Aber vielleicht wird man diesen Mann auch im Jahre 2000 noch nötig haben. Jedenfalls laufen tausende kleinerer Neugründungen von Söhnen solcher Qualitätsfanatiker dem Norden den Rang ab. Wer unternehmungslustig ist, zog bisher nach Süden. Ob es ihn in Zukunft nach Osten zieht, in die neuen Bundesländer mit ihrem unstillbaren Aufholbedarf wird sich zeigen.

München und Stuttgart regieren jedoch kein spannungsloses Industrie-Idyll. Als seien die Stammesgegensätze des Mittelalters niemals erloschen, wiederholt sich der Antagonismus zwischen Nord und Süd im kleinen Maßstabe innerhalb Bayerns und Schwabens; im Frankenlande hat man Vorbehalte gegen München, das alemannische Baden bewahrt sich seine köstliche Animosität gegen Stuttgart. Nicht daß Franken und Baden den Staatsstreich planten. Alte demokratische Tradition will es aber, daß man Unbill nicht vergißt, die einem vor ein-, zweihundert Jahren angetan wurde. Daraus wird dann vielfach ein Spiel mit verteilten Rollen, bei dem jeder mal die verfolgte Unschuld mimt.

Die Süddeutschen trennt manches, es verbindet sie aber eine barocke Lebenslust. Sie lieben ihre festlichen Landschaften, den See vor dem Panorama der schneebedeckten Berge, die Zwiebeltürme ihrer Kirchen, die Prozession auf dem Wege dahin und die goldenen Wahrzeichen mit Schwan und Bär und Traube vor den Wirtshäusern ihrer kleinen Städte. Ihr Bestes geben sie zur Fastnachtszeit, wenn die Straßen gefüllt sind mit hüpfenden Hexen, lang geschnäbelten Vogelmasken und übergroßen, ernsten Babyköpfen. Da verdichten sich die Mythen und Märchen der Vorzeit zu einem verrückten Kaleidoskop. Da lassen sie Dampf ab für ein ganzes Jahr. Das heilige römische Reich deutscher Nation taucht aus dem Untergrund auf, soweit Fastnacht und Karneval gefeiert werden.

Die Grenzen zu den Nachbarländern, zu Österreich, der Schweiz und dem Elsaß würde um diese Zeit des Februars ein Besucher von einem fernen Kontinent kaum wahrnehmen können. Die Masken und Sprünge der Narren sind etwas anders, der Sinn ist der gleiche. Wie denn überhaupt im Westen und Süden der Bundesrepublik die vorgestrige Besorgnis der Deutschen, isoliert, eingekreist und ausgeschlossen zu sein, gewichen ist dem Gefühl, zur europäischen Familie zu gehören. Die Grenzen sind offen, der Wanderung hin und her sind keine Schranken gesetzt, das Kinderspiel vom Zöllner und Schmuggler hat seine Aktualiät verloren. In früheren Zeiten waren nicht nur Berlin, es waren alle Städte von Mauern umgeben. Als der Kaiser damals die ungehorsame Stadt Weinsberg am Neckar eingeschlossen hatte und die Belagerten hinter ihren durchlöcherten Mauern Wirkung zeigten, versuchte sich der hohe Herr an psychologischer Kriegsführung. Er versprach den Frauen der Stadt freien Abzug. Sie fragten zurück, wovon sie denn leben sollten, nachdem sie ihre Stadt und Habe verlassen hatten? Das schien eine berechtigte Frage. Der Kaiser gestand den Frauen zu, mitzunehmen, was sie auf dem Rücken tragen konnten. Und siehe, zur festgesetzten Stunde öffneten sich die Stadttore und in langem Zuge erschienen die Frauen der Stadt Weinsberg. Eine jede trug auf ihrem Rücken ihren Mann.

Wir haben bisher über die Deutschen gesprochen, als seien es durchweg Männer - emsig damit beschäftigt, Heiden zu missionieren, Deiche zu errichten, Kirchen zu bauen, Kohle zu schürfen, Fußball zu spielen und Computer zu programmieren. Der Frauen wurde nicht gedacht.

Das ist eine Unaufmerksamkeit, die wir mit manchen anderen Völkern teilen. Ungeachtet dessen bringen die Frauen in Deutschland, wenn man an sie denkt, immer die Weiber von Weinsberg in Erinnerung. Zweimal haben sie während der großen Kriege dieses Jahrhunderts erst das Haus in Ordnung gehalten, die Kinder aufgezogen und dann, was von ihren Männern übrig geblieben war, in eine neue Existenz getragen. Der Versuch der nachträglichen Entmündigung ist den Männern nicht mehr ganz gelungen. Die Frauen haben die Trümmergrundstücke aufgeräumt, das Fräuleinwunder begründet und ihren Platz an den Universitäten erobert. Sie sind dabei, die herkömmliche Politik zu unterwandern. Sie geben Deutschland ein neues Antlitz. Wie es genau aussehen wird, wagt keiner vorauszusagen, der die Frauen kennt. Doch sind manche von einer märchenhaften Entwicklung überzeugt.

Peter von Zahn

Germany - the country and the people

It is not easy to feel you are on safe ground when you are talking about Germany. We start our journey in the north, where Germany is just emerging from the waves. The "just" in this context is in geological terms, for till a few tens of thousands of years ago there was a solid layer of ice covering this area like icing on a cake. An expert can tell this simply by looking at the land-scape; the receding ice left behind a debris of smooth boulders as it melted.

The North Sea extended far inland within historical times. Where now the flat green plain of Schleswig-Holstein looks out to sea over a line of foam, late medieval maps show a confusion of islands. The building of dykes gradually integrated them into the mainland, although the sea often tried to reclaim its own. The legends of the North Sea coast tell of water and storms and the constant struggle of the people to retain their plots and their pastures.

They are a tough, rough-edged breed that have developed in this region. Look at their houses, standing singly on low humps where houses have probably stood for a thousand years. A storm at high tide will send the waves battering at the door, beating at the kitchen window, trying to tear the thatch from the roof. On the string of islands in front of the coast, the time-less solitude of people's lives would scarcely have changed over the years if there had not been a new invasion in the past century; a summer storm blowing in from the mainland, an ever-increasing torrent of tourists overflowing on to the islands of the North Sea coast. The landlub-bers frolic in the waves and stretch themselves out, in various shades from white to brown, on the sand of the dunes. When autumn comes around it will wring a rueful grin from the faces of the locals as they shake their heads over the piles of money the trippers have left behind them.

On a map, the chain of islands and peninsulas marking Germany's Baltic coastline look like a row of convenient stepping-stones to Denmark and Scandinavia. The long, sandy Baltic shore is less windswept than that of the North Sea, the landscape less harsh, the waves less savage. Those who let rooms all along the Baltic and along the steep cliffs of the island of Rügen are left to themselves at the end of the season too, to go fishing, milk the cows and exchange tall sto-ries over an afternoon drink of tea laced with rum.

Let's make a short digression. It is only around the coasts that the Germans drink rum; fur-ther inland they will follow their beer with a chaser of clear schnapps, or "Klarer", while in the south the beer alternates with "Obstler", schnapps distilled from fruit. In the west the Obstler is taken to wash down not beer but wine. There are provinces, Franconia on the Main for exam-ple, where you can be faced day in, day out, with the knotty problem of choosing the products either of the vineyards or the breweries, and there are other parts, like the Cologne area, where the traveller struggles to decide which of two fermentation processes will provide him with the glass of beer to his taste.

The visitor in Germany, wherever he may find himself, will do well to stick to locally-produced drinks, for the simple reason that they develop their best qualities in their place of origin. Not that champagne and Scotch are unavailable; you can buy alcohol any time, anywhere. This is not to imply any decadent trend, I hasten to add. It is simply that the puritanical conception of pre-venting people enjoying themselves at certain times or on certain days, as is thought proper in Anglo-Saxon and Scandinavian lands, just doesn't exist when you roam through that enchanted land between the North Sea and the Alps.

There used to be times in German history when people flocked to watch the Germans drink themselves under the table. No longer. A trip to Munich's Oktoberfest will result in the con-sumption of a few beers, after which the visitor is swept into the general festivities and aban-dons his discerning scrutiny of the eccentricities of the natives. Even the legendary hard drinkers among the student fraternities of Bonn and Heidelberg belong to the last century. These days you are more likely to spot students and lecturers staggering homewards in the morning after a five-kilometre jogging stint, to quench their thirst with a bottle of mineral water from one of Germany's numerous springs. In this country the unexpected is the rule. There is a saying attributed to a French Ambassador of long service, Jean François-Poncet. "Just when you think a German is going to get Teutonic, he starts behaving like a Roman; if you then try to confound him with Latin logic, he'll slip rapidly through the net with a deal of Slavic charm." A hodgepodge of genes has indeed boiled and bubbled in the cauldron of Germany's past. A perceptive observer can hold the brew to the light and draw his own conclusions - that the Germans are made up of a conglomeration of European quirks. Their civilisation has its roots in the Roman Empire. Along with wine, the Romans also brought Christianity to the Germans, who in turn passed it eastwards to the Slavic tribes on and beyond the Elbe. This often had to be achieved by fire and sword, but one imagines the Cross thus made a lasting impression.

Let's return to Germany's coastline. The Romans with their efficient military machine never reached the peoples of the North German Plain. The present population, descendants of those wild Germanic tribes, pride themselves on their independence and never forget to mount crossed horses' heads on the gables of their huge half-timbered houses - hardly a Christian tradition. They used to call themselves Angles, or Saxons, and, even before the Vikings of Scandinavia, sailed west to found settlements throughout England. From there, known as Anglo-Saxons, they launched themselves into the world to change the course of history in ways undreamt of by those who never crossed the Channel.

It was Charlemagne who eventually made Christianity compulsory in the north, after which the converted strode off, eastwards this time, to impose the Lord's Prayer on the Slavs between the Baltic and the Elbe. They built great strongholds and solid, fortress-like churches, some of which stand to this day. Their most illustrious duke, Henry, was nicknamed "the Lion". His wife, an English princess, was apparently half a head taller than her belligerent husband. Their effigies lie in Brunswick Cathedral, and, when you contemplate the stone monument, it is worth remembering that it was under their rule that the great process of integration between Germanic and Slavic tribes first began, a process that has continued into our own century. The patricians of Lübeck, Hamburg and Bremen used to cast a friendly eye on the blonde, broad-cheeked maidservants from the east, and accepted them as something more than mere Cinderellas. Interested readers may turn to Thomas Mann's novel "Buddenbrooks" for further enlightenment.

The Slavs were also invaded by the peoples from the Rhine and Main who established towns among the Slav villages between the rivers Elbe and Weichsel. They founded these towns according to German customs, while their schools were based on a Latin tradition and their admin-istration on Roman law. They married and passed on to their offspring a tuneful sort of dialect. Their nobility would call themselves after the Slavic names of the estates they had seized. When they introduced themselves, it sounded like the twitterings of birds in spring. Zitzewitz, you said your name was? Itzenplitz, I do beg your pardon!

Just at the very place where Henry the Lion started to found his new towns, there stood for nearly forty years a forbidding stretch of fencing with trenches and watchtowers, the outposts of the Russian empire, slicing Germany in two. The bloodless revolution of 1989 changed all that. The Russians have retreated, the trenches are levelled and the watchtowers demolished. The citizens of what was once West Germany can visit the brick cathedrals of Rostock and Greifswald, admire the glorious Baroque of the Zwinger in Dresden, photograph the exotic exterior of the Rococo palace of Pillnitz, take a paddle steamer up the Elbe and timidly stroke the exquisite, delicately-coloured wares of the Meissen porcelain factory, the oldest in Europe. Those in the east have at last what was denied to them for so long - free access to the west and freedom to travel abroad.

They can, for instance, go to Rostock, Sassnitz or Lübeck, board a ferry bound for Scandinavia, and, languishing from the effects of too much smorgasbord, gaze back over the stern and into the depths of German history. The ancient port of Lübeck was for three centuries the centre of the Hanseatic League, an association that could well be described as an exceptionally successful forerunner of the European Community. It was an organisation to protect the commercial interests of mercantile towns, extending from Flanders right through northern Europe as far as Novgorod in Russia and Bergen in Norway. The theories that abound in Brussels these days were actually put into practice at that time - there was a set of common trade regulations, whether for herring or wool, salt or grain. The town councillors became influential, the commercial houses wealthy and the citizens imbued with a sense of that brick-fronted pride that finds its most glowing expression in the Marientor gateway, the churches and the old Town Hall of Lübeck.

The other two great harbours on the North Sea, Hamburg and Bremen, still feel that Hanseatic spirit hovering over them. Their car registration numbers all bear an "H" for Hansa, and they are to this day municipal republics that have no equal unless it be in the former city states of Venice or Genoa. We can see it as grounds for congratulation that a visit by the Queen of England not only caused rejoicing among the citizens, but also set off a ferocious argument as to whether the Lord Mayor should receive the monarch while standing on the steps of the Town Hall, or whether he should advance down them to meet her. It may well be that the Lord Mayor of Hamburg is no more than the representative of one and a half million Hanseatics, but his constitutional position is equal to that of the Minister President of the great Free State of Bavaria. It is the most delightful and endearing characteristic of Germany that it can never be the subject of sweeping generalisations.

We have spent long enough on the coast. It is now time to make our way further into this mysterious country.

"Der Wald steht schwarz und schweiget

und aus den Wiesen steiget

der weisse Nebel wunderbar."

(The forest stands black and silent, and from the meadows rises a wondrous white mist.)

These words, by the German author Matthias Claudius, express that slight shiver that runs down German spines at the mention of forests. European neighbours to the south and the west have often remarked on that puzzling relationship that Germans have to Nature, or more exactly, to the wooded parts of their landscape.

Sometimes Germans have described the forests between the Harz and Spessart, between the Eifel and the Erzgebirge, as if they were still the haunts of giants and elves, the hiding-places of dwarves and goblins. From foreigners' descriptions one could conjecture that every one hundred and fifty years in the course of history the German soul retreats into the forest undergrowth, emerging as if beserk to flatten everything around. We ourselves are not so keen on swallowing this Romantic idea of a connection between forests and barbarism, but must nevertheless concede that for many Germans to walk, or rather to stride, through the woods takes on the proportions of a ritual of purification; we feel an additional satisfaction when the crumbling tower of a castle can be sighted above the tree-tops, or when abbey bells can be heard ringing out from the depths of the woods.

The myths of the forests pale, however, before present realities. Acid rain and toxic emissions have made their mark on the showpiece of the German soul. The forest is no longer the primeval jungle which the wary Roman legions entered with trepidation; there are no longer the thickets which the medieval charcoal burners filled with billowing smoke; now it is official forestry land, with numbers and coloured labels, trees standing to attention like a company of Prussian soldiery, a parade ground for pines and firs lined up in formation. Machines will turn them all into newspaper, where we will all be able to study the carefully-printed articles on the shocking state of the German woods. It is indeed a source of alarm, what the hunters and forest wardens have to report.

The attachment of the Germans to their forests is being put to a further hard test now re-unification has become a reality. For decades the socialist economy of what used to be East Germany relied on highly polluting lignite as the main source of energy, and that, combined with the emissions of the chemical industry and the fumes of the ubiquitous two-stroke Trabant cars, served to strip the surrounding forests of their leaves. Towns like Bitterfeld and Halle were enveloped in an corrosive industrial haze which spread to eat away at the splendid facades of the fine old houses and famous churches of Leipzig. Environmental issues must clearly be high on the list of priorities for this region till well into the next century.

Wood is potential coal. Beneath the region north of the river Ruhr lie extensive forests that over millions of years have been compressed under the weight of a thousand metres of rock to form coal seams. These massive stores of black energy were the primary foundation stones of German heavy industry. The second prerequisite was a stream of muscular youths from the Eastern provinces, industrious and undemanding, providing cheap and willing labour. The third requirement was the technical ability of the engineers and miners who excavated the coal from its obscurity and used it for smelting iron and steel. And finally there was the importance of other nearby European industrial areas, which received the heavy loads of iron, coke and steel machinery they needed, supplies that came floating over the waterways of the Rhine and Ruhr and, what's more, came cheaply.

Those are the four elements that comprise the secret of the Ruhr industry. That our European neighbours proceeded to make a monster and a myth out of the Ruhr is quite obvious, giv-en the mythical tendencies of the Germans themselves. The Ruhr landscape contributes to this feeling that the ground is slipping away under your feet. Suddenly a road will collapse or a row of houses will have to be evacuated because a disused mine has caved in deep below them. But the Ruhr has no connotations of menace these days. It is itself struggling with the transition from heavy industry to high technology and the difficulties of turning mining communities into a society of computer boffins.

The inhabitants of the Ruhr are mostly descended from immigrants who don't care to emigrate. It is touching to see the care they lavish on the little gardens behind the grey rows of houses, how they populate them with plaster gnomes and deer, how the pigeon fanciers beam to see their carrier pigeons return to the lofts. Any news is good news when it arrives like that.

The homeland of those who lived among mines and blast furnaces was never as picturesque as that of the Moselle valley or the Alps. But the smokestacks and pitheads are gradually giving way to greenery, and these days the Ruhr valley south of Essen looks very much like a health resort. And is there anywhere on the Moselle or between Garmisch and Oberammergau that can offer the satisfaction of yelling yourself hoarse as the fans do when the neighbouring football teams of Schalke and Borussia Dortmund hurl themselves at each other at a league match?

According to the logics of economy, the Ruhrgebiet will continue its metamorphosis. For a century and a half it was the power house of Germany, indeed of Europe. Now German industry depends more and more on the export of precision instruments. For decades the Ruhr cherished a myth, the fiction that coal was Germany's sole raw material. But coal and ore are no longer measures of a country's wealth, which is why new universities and technical institutions are rapidly changing the skyline of the Ruhr. The most productive raw material and its best processing plant are to be found in the human brain and the human mind. This conclusion is endorsed when we look at the public who may be unlearned in theories of economics but who still flock to fill the theatres of North Rhine-Westphalia every evening. In all, there must be as many theatres scattered about the area as there are in London, and they are no less accessible. For pure story-telling, or even myth-making power, there can probably be no-one to touch the Dance Theatre of Pina Bausch. Moreover, its home and its support are to be found in the last place that one would expect either an audience or a generous town council; in Wuppertal. Wuppertal's narrow valley is also the home of the suspension railway, the realisation of a nineteenth-century technical dream. It could have come straight out of the pages of Jules Verne and it will no doubt survive the twentieth century.

I would not have mentioned the suspension railway in connection with the Ruhrgebiet, but there seemed no other opportunity of slipping it into my story. The railway possesses its own modest elegance that makes it an outsider to the area, whereas old Alfred Krupp's Villa Hügel is far more true to type. One wonders who on earth he was trying to impress with this do-it-yourself Versailles. There was no way the Villa could compete with the gracious lifestyle of the region's heritage of moated houses. But it's a sign of the times to indicate your own opinion of yourself by sheer crushing magnitude - a practice not unknown to leading banks when erecting their headquarters in Frankfurt. Villa Hügel by no means lags behind them, and in this context we can include Richard Wagner's "Ring" cycle and Ludwig II of Bavaria's castle of Neuschwanstein.

It was long a custom among the Germans to regard the Limes as a dividing line of their civilisation. The Limes was the great fortification that the Roman emperors built to protect the more civilised Germanic tribes in the south and west from the uncouth aggression of those in the north and east. According to this hypothesis, the culture of the tribes who lived within the Limes had a flying start of four hundred years, while the rest have always trailed behind and, the theory hints in an aside, have never reached an acceptable European standard to this day. The critics expressed the opinion that non-Limes areas might manage to breed hordes of Lutherans, iconoclasts, Prussian sergeant-majors, would-be Bismarcks and Social Democrats, but never your true good-natured German. On the other hand, the "northern lights" of Germany have always maintained that south of the Main, that is, within the Limes, there lives a ham-fisted bunch of untrustworthy yokels who prefer to give hard work a wide berth.

This is hardly a convincing argument when it comes to accounting for cultural differences. It fails to explain how the ostensibly "rational" north and east produced the music of Schütz, Bach, Handel and Wagner, while in the backwoods of the south, architecture reached a peak in the building of cathedrals, burghers' houses and palaces. Yet there is still a grain of truth somewhere in these myths, for there really is a change in atmosphere along the Rhine and Main. If the Limes cannot be held responsible for Protestantism, it nevertheless separates - probably by coincidence - the sober Protestants from the mainly Roman Catholic lands. It boils down to a certain happy-go-lucky attitude; there are few vineyards outside the Limes, the pleasant and tender southern diminutive of -lein at the end of words changes to the less agreeable, harsh and throaty -chen towards the north, - but in the end the differences must be attributed to another cause, connected with the attitude towards the Germany that was once part of the Holy Roman Empire.

The Empire, every constitutional historian's nightmare, spread far beyond the bounds of present-day Germany in its thousand years of existence; it included a large section of Europe. The Emperor, who normally sat in Vienna, was the nominal ruler of a good 300 large, small and miniature principalities, but real power lay elsewhere, in bishoprics, in Free Cities of the Empire like Frankfurt (birthplace of Goethe), and in dukedoms, Weimar in Thuringia for instance. Here the Empire showed its humaner side in a sacrosanct and closely-woven net of feudal rights and duties. The Emperor and his lawcourts had the task of seeing that no-one was deprived of his rights. Over the centuries this resulted in a master and servant relationship based mainly on trust and care. In comparison, the north-eastern territories had a rational and progressive system of a few large administrative units. Its subjects were not encouraged to harp on their ancient rights; they were expected to obey. The peasant on the Main could turn to the Abbot in the next valley as an intermediary between himself and the Emperor, who was nicely within reach; the peasant in Altmark, in the north, was confronted with the local landowner, then the administrative director, then the might of the King of Prussia, and even then the Emperor was quite out of reach.

The Empire called itself Holy and, compared with the nation states around, it was, in its own whimsical way. Its duty was to protect, not to expand, and it was not an aggressor. All the Emperor desired was that the French and the Swedes should leave him in peace and that the Turks and Prussians should not try to rob him of his lands.

The Rhine used to be the main artery of the old Empire. Winding between the chain of minsters and cathedrals that lie along the river - Xanten, Cologne, Bonn, Mainz, Speyer and Worms, all once pagan shrines for the Roman legions - there is nowadays another chain of power stations, factory buildings and high-rise office blocks giving employment to a considerable percentage of the German population.

A glance at the Rhine itself will verify this; sometimes barges predominate along its meanders, sometimes pleasure cruisers with guides who point left and right to hills, castles and vineyards and relate the legends of the Rhine.

The role of the Rhine becomes even more graphic when the former headquarters of Allied Command at Petersberg come into view, when the steamer glides past Adenauer's villa above Rhöndorf and past the famed bridge at Remagen, for these are memorials which have embedded themselves in the historical humus that nourishes Germany today.

It is instructive to look at the attitude of a country to its capital city. The French lose no time in elevating theirs to the capital of the world, although they can't stand the sight of a Parisian unless they happen to be one themselves. The Americans have a very low opinion of Washington and an even lower one of its politicians. That's not America. In all their history, the Germans have only ever had one real capital, for fifty-seven years; that was Berlin, but no-one liked it much.

Then, as a result of the Second World War, Berlin was divided by the ill-famed and virtually impregnable Wall. For thirty years West Berlin became a vulnerable island in communist East Germany, an Achilles' heel 180 kilometres away from the Federal Rebublic's border. On November 9th, 1989, the Berlin Wall was breached and the world rejoiced. The city began the process of reuniting itself and, strengthened in its role as an administrative and industrial centre, staked its claim to be once more the official capital of a reunited Germany.

Berlin is home to two pandas, the head of Nefertiti, the Pergamon altar, the raciest night-life in all Europe, a conference centre resembling a stranded battleship, a Turkish population as large as that of any city in Turkey, a hundred thousand students, an ever-diminishing number of agents from a couple of dozen secret services, an ever-increasing number of the most garrulous taxi-drivers in the northern hemisphere and all around, a fairytale landscape of woods and lakes.

Bonn, the post-war capital of West Germany, found it hard to compete with all this, even though it started life as the headquarters of the second Roman legion (Minerva) and had a start of a good twelve hundred years over Berlin. Originally only a provisional capital, Bonn has an unassuming air. Its wide imposing streets date from the time when its ruler also happened to be the Archbishop of Cologne, an electoral prince and first henchman of the Emperor. Nobody in Bonn has yet been able to bring himself to provide the usual obligatory monuments to embellish the frequent visits of foreign potentates - in the humble assumption that visitors will accept Beethoven's birthplace as a sufficient hint at reverence for the past.

This town of scholars and bureaucrats shuns all things bombastic; politicians with such tendencies subside into silence, overawed by memories of Adenauer's cool wit. The average German doesn't hold it against the citizens of Bonn that he is bored to tears every evening by the television news with its interminable camera shots of sterile government offices and interchangeable politicians. Poor old Bonn can't help it, but that still doesn't make the Germans feel any more affectionate towards the city. Bonn consoles itself with the Drachenfels while the rest of Germany reserves what few political enthusiasms it has for the individual capitals of the federal states.

Munich and Stuttgart are good examples. Both were formerly residences of influential princes of the Empire. Munich is the capital of Bavaria and almost as old, and Bavaria itself is the most venerable of all the German states. Stuttgart took longer to make itself into a legend, maybe because the Lords of the Swabian House of Staufen couldn't sit still for long without itching to be off on the Emperor's business in Italy or the Holy Land. But Stuttgart has caught up. The thrifty Swabians watch respectfully as their state capital decks itself out in lavish museums, and they even countenance the fact that their Minister President spends as much time abroad as did once the Staufen princes of old, for they are well aware that whether he is wielding chopsticks in China or paying his respects to the Kremlin and the vodka in Moscow, he is there on behalf of Swabian industry.

Deep-seated antipathies between north and south, east and west, belong to Germany as much as the wicked fairy to the storybook. The technical and military superiority of nineteenth-century Prussians led them to regard the states south of the Main with thinly-disguised contempt. The Berliners, on the other hand, were regarded by the Bavarians as loudmouthed, by the Swabians as boorish. Hitler flogged to death the Prussian principle of overpowering by technology, and the old animosities disintegrated, leaving intact only a certain North German arrogance about Bavarian bumpkins and over-assiduous Swabians.

You can split your sides laughing over the Bavarians' lederhosen, feathered hats and drinking habits, but while everyone north of the Main was busy sniggering that Bavarian politics was little better than a pub brawl, or smirking about the dull my-home-is-my castle Swabians, the technology of the future was already establishing itself in South Germany. Employers who turned up there were not dismissed as exploiters from the start and they were welcomed by well-informed and far-sighted local authorities. During the time of social upheaval the South German schools never failed to provide the post-war generation with a good education. There was always a steady supply of new recruits, and the results can be seen in the restructuring of industry and a growing class of technological egg-heads. The countryside around Stuttgart and Munich has sprouted high-powered centres of industry, with Mercedes, MBB, BMW and IBM as their prize exhibits. The drive behind all this stems from the pride of a job well done, a pride handed down from generations of solid perfectionist workmen. Mercedes boasts a high degree of automation these days, and perhaps will see a time when there is nothing left to do by hand. Around Stuttgart someone, some day, will relate the legend of the elderly bespectacled Swabian in the bygone nineteen-nineties who stood in the Mercedes assembly shop and one after another slammed each newly-mounted door of every 300 E, a hundred times a day; he could tell by the sound whether door, lock and bodywork met the high standards demanded by Mercedes in those far-off days. But on the other hand that Swabian may still be indispensable in the year 2000. Anyway, a thousand new firms have sprung up, founded by the sons of just such sticklers for quality, to outstrip the north. The enterprising move south - and then, probably, east to employ their skills in the five new states of Germany with their unquenchable desire to make up for all they missed under Communist rule.

This is not to say that Munich and Stuttgart administer some serene industrial idyll. It is as if the mediaeval tribal differences had never been reconciled; the north-south antagonism repeats itself on a smaller scale between Swabia and Bavaria, the Franks have serious reservations about Munich and in Alemannic Baden they have an absurd aversion to Stuttgart. Not that Franconia and Baden are planning a coup; ancient democratic traditions will just have it that injustices one or two hundred years old cannot be forgotten. Everybody assumes his role in the play, and it is always the same one, that of the injured innocent.

Whatever divides the South Germans, they are still united by a common baroque zest for life. They love their splendid landscapes of lakes framed by a panorama of snow-covered mountains, the processions wending their way to onion-towered churches, the little towns with their golden inn signs, the Swan, the Bear, the Grapes. You see the people at their best during Carnival, when the streets are thronged with prancing witches, long-beaked bird masks and oversized grave baby-like heads. The myths and fairy stories of old blend in a crazy whirling kaleidoscope. Here you can let off enough steam to last the whole year, and in these masquerades that precede Lent, the Germany of the Holy Roman Empire rises from the dead.

A visitor from another continent would scarcely notice that Carnival traditions vary in the neighbouring lands of Austria, Switzerland and Alsace. The masks and the jesters' leaps are slightly different, but the same spirit prevails. Not only the Germans in the east, but also those in the south and west used to consider themselves isolated, surrounded and shut off, but this has been replaced by the feeling that now they form part of the family of Europe. The borders are open, there are no barriers to travelling back and forth, and the children's game of customs versus smuggler is at last becoming obsolete.

There used to be a wall around all cities, not only Berlin. Once upon a time, there was a Kaiser who laid siege to the disobedient town of Weinsberg on the Neckar; when the residents began to react to the attack on their walls, His Majesty decided to try some psychological warfare. He promised to release the women of the town. What, came the reply, were they to live on if they abandoned house and home? A fair question. The Kaiser granted them permission to take whatever they could carry on their backs. When the hour came, the town gates opened to reveal a long procession of the women of Weinsberg. And all of them were bearing their husbands.

We have been speaking of the Germans up to now as if they were exclusively male, bustling about to convert the heathen, dig the dykes, build the churches, mine the coal, win the football matches and write the computer programs. The women have been ignored. We are not the only people who are so inattentive. In spite of that, if you think of it, German women always remind one of the women of Weinsberg. Twice during the World Wars of our century, they have kept house, raised their family and supported what was left of their menfolk in a new life. After that, the male attempt to silence them was doomed to failure. It was the women who cleared the mountains of rubble from the bomb-sites, who created the "Fräuleinwunder" as the antithesis of the Hausfrau and who won themselves a place in the universities. They are on their way to infiltrating the conventional world of politics. They are giving Germany a new face. Nobody who knows women will dare to guess at the future, but many suspect that we have a few fairytale developments ahead of us.

Peter von Zahn

L'Allemagne - son peuple, ses paysages, ses villes, un vrai pays de cocagne

Il est difficile de garder les deux pieds sur la terre ferme quand on parle de l'Allemagne. Dans le Nord du pays, où ce récit commence, la terre vient juste de sortir de la mer. C'est-à-dire qu'un épais manteau de glace la recouvrait encore il y a à peine 10 000 ans. Le connaisseur s'en apercevra tout de suite au paysage encore profondément marqué par les derniers glaciers: leurs eaux de fonte ont laissé des éboulis de rocher polis.

Il n'y a pas encore très longtemps, la Mer du Nord s'avançait loin dans le pays. Dans la région de Schleswig-Holstein, la côte verdoyante, aujourd'hui séparée de la mer par un déferlement de houle, était encore un enchevêtrement d'îles à la fin du Moyen Age. Des endiguements changèrent progressivement le caractère du paysage. Mais la terre n'était toujours pas très ferme. La mer pouvait la reprendre à n'importe quel moment. Les légendes de la région évoquent des histoires de houle et de tempêtes et parlent de la lutte incessante que l'homme devait livrer pour conserver son champ et le pré de sa vache.

La souche d'hommes qui s'installa en ces lieux était rude et coriace. Les maisons se dressent, solitaires, sur de minces élévations de terrain. Quelques-unes s'y trouvaient déjà il y a plus de mille ans. Quand la tempête fait rage, la mer vient cogner aux portes et aux fenêtres et tente d'arracher la chaume des toits. Une chaîne d'îles s'étend au large du continent. Leurs habitants y vivraient encore comme autrefois, dans une solitude éternelle, si une foule de vacanciers ne venait les envahir depuis un siècle. Ce flot humain, en provenance de la terre ferme, se rue sur les îles et dans les vagues. Des corps pâles qui changent peu à peu de couleur recouvrent le sable des dunes. A l'automne, les insulaires comptent le bel argent qu'ils ont gagné avec des hochements de tête amusés.

Les paysages ne sont pas aussi rudes le long des rivages sableux de la mer Baltique. La nature y est plus souriante, les flots moins menaçants. Les îles et presqu'îles de la côte offrent des passages faciles vers le Danemark ou la Suède.

Tout comme les habitants de la mer du Nord, ceux de la mer Baltique se retrouvent entre eux quand les estivants sont partis. Sur les Darss ou à l'abri des falaises de l'île Rügen, ils partent à la pêche, traient les vaches et dès l'après-midi, boivent leur thé arrosé de larges rasades de rhum.

Abordons maintenant les régions du continent. Les Allemands ne boivent du rhum que sur les côtes. C'est la bière qui l'emporte à l'intérieur du pays. Les habitants dans le Sud l'accompagnent d'une eau-de-vie qui est à base de fruits. On la consomme également dans les contrées de l'Ouest, mais là, elle n'aide pas à faire digérer la bière. On l'alterne avec le vin. Dans certaines provinces comme dans la vallée du Main, la journée commence avec un choix difficile: boira-t-on de la bière ou du vin aujourd'hui? Dans d'autres endroits, à Cologne par exemple, la bière à fermentation haute et celle à fermentation basse rivalisent pour obtenir les faveurs des visiteurs.

Le visiteur ferait bien de se concentrer sur les spécialités des régions car elles ne développent leur plein bouquet qu'en milieu original. Il n'aura bien sûr aucune difficulté à se faire servir du champagne ou du whisky s'il en veut absolument. Tout s'achète en République fédérale. Cette remarque ne sous-entend pas une corruption générale; seulement les restrictions puritaines des pays anglo-saxons et scandinaves sont épargnées à l'explorateur de ce pays de cocagne niché entre la Mer du Nord et les Alpes.

Il fut un temps en Europe où les gens accouraient pour voir les Allemands s'enivrer. Cette époque est révolue. Celui qui se rend à la fête d'octobre de la bière à Munich, participe à la joie générale et après quelques chopes, ne cherche plus d'un regard inquisiteur à découvrir les attributs distinctifs du peuple allemand. En outre, les célèbres beuveries des Confréries d'étudiants de Bonn ou d'Heidelberg ne sont plus elles aussi que des souvenirs rattachés au siècle dernier. Aujourd'hui, on voit maîtres et étudiants, enivrés par cinq kilomètres de jogging matinal, se rafraîchir le gosier avec une eau minérale provenant des nombreuses sources du pays. L'inattendu forme la règle en Allemagne. Jean François-Poncet, ambassadeur longtemps en poste dans le pays, aurait déclaré: «Quand on attend d'un Allemand qu'il se conduise à la teutone, il réagit comme un Romain. Et si l'on essaie alors d'appliquer la logique latine, il s'échappe soudain dans le charme slave.»

Les guerres des siècles derniers ont fait un véritable brassage des gènes des Allemands. L'observateur perspicace peut toutefois les différencier. Les Allemands constituent un salmigondis de caractéristiques européennes. Leur civilisation provient de l'Empire romain, lequel a également apporté le vin en même temps que le christianisme. Ce dernier a été propagé dans les tribus slaves de l'Elbe et les régions de l'Ouest à coups de luttes sanguinaires, sans doute afin de mieux implanter la croix.

Retournons aux habitants des côtes de la Mer du Nord et de la Mer Baltique. Malgré leur administration militaire des plus efficaces, les Romains ne parvinrent jamais aux fins fonds du Nord de l'Allemagne. Les descendants des Germains renégats qui habitent encore ces régions, s'enorgueillissent de leur indépendance et fixent allégrement des têtes de chevaux crucifiés aux pignons de leurs immenses maisons à colombage. Un symbole que l'on ne peut qualifier de chrétien... Leurs ancêtres se nommaient Angles ou Saxons. Après que ces prédécesseurs des Vikings scandinaves eurent colonisé un bon morceau de l'Angleterre, ils entrèrent comme Anglo-Saxons dans la grande chronique du monde et donnèrent à l'histoire un tracé digne de stupéfier les compatriotes restés à la maison.

La conversion forcée effectuée par Charlemagne, les obligea à changer de direction céleste. Ils enseignèrent alors le Notre-Père aux tribus slaves entre la Mer Baltique et l'Elbe. Ils bâtirent des forts avec vue sur l'Est et des églises fortifiées dont quelques-unes existent encore. Leur duc le plus remarquable portait le sobriquet de «Lion». L'épouse de ce grand chef, une princesse anglaise, aurait dépassé d'au moins une tête son conjoint querelleur. On peut admirer le couple sculpté dans la pierre à l'intérieur du dôme de Brunswick et se rappeler avec respect que le grand mélange des Germains et des Slaves a débuté sous le règne de ces gisants-là pour continuer jusqu'à notre siècle. Les blondes servantes aux larges maxillaires des villages de la région de Mecklenburg étaient fort appréciées dans les maisons bourgeoises de Lübeck, Hambourg et Brême. La lecture des «Buddenbrooks» de Thomas Mann revèle à chacun qu'elles n'étaient pas seulement reléguées au rôle de Cendrillon!

Des immigrants arrivés du Rhin et du Main s'installèrent entre les villages slaves disséminés de l'Elbe à la Weichsel. Ils fondèrent des villes d'après le droit allemand, des écoles dans des monastère d'après le droit latin et des services administratifs d'après le droit romain. Ils se marièrent et laissèrent à leurs enfants une langue mélodieuse. Leur noblesse prit les noms slaves des biens qu'elle s'était appropriés: des patronymes qui ressemblaient à des gazouillis d'oiseaux ... Zitzewitz? Non, Itzenplitz!

Durant quarante années, des postes du bloc soviétique installés derrière des fossés et des miradors, surveillaient la région où le duc Henri le Lion commença à fonder des villes. Ils se sont retirés d'Allemagne depuis la révolution pacifique de 1989. Les fossés ont été comblés; les miradors démantelés ont été transformés en matériel de construction. Les citoyens de la République fédérale vont de nouveau visiter les cathédrales en briques de Rostock et de Greifswald. A Dresden, ils redécouvrent le magnifique édifice baroque qu'est le Zwinger et vont photographier les chinoiseries du château rococo de Pillnitz sur l'Elbe. Le vertige les saisit quand ils montent à la «Bastei» d'où le regard plonge sur les crevasses déchiquetées des montagnes de Meissen où les attend la plus ancienne manufacture de porcelaine d'Europe. Là, ils effleurent du bout des doigts des pièces délicates réputées dans le monde entier. Sur leur chemin, ils croisent des habitants de Mecklenburg et de Saxe partant à l'exploration de l'Ouest qui leur resta fermé.

Depuis la réunification, les habitants de l'ancienne République démocratique allemande peuvent également aller à l'étranger. Ils s'embarquent à Lübeck, à Rostock ou à Sassnitz sur des ferry-boats qui les emmèneront en Scandinavie. Le regard qui s'attache une dernière fois sur les lignes de Lübeck avant que les bateaux ne prennent le large, s'enfonce également dans les profondeurs de l'histoire allemande. Durant trois siècles, la ville fut en effet le centre de la Hanse, une association que l'on pourrait décrire comme le précurseur très florissant de la Communauté européenne actuelle. Cette alliance qui offrait la sécurité aux villes de commerce, s'étendait à travers toute l'Europe du Nord, de la Flandre à Novgorod et jusque dans les montagnes norvégiennes. Ce que les pays-membres de la C.E.E. souhaiteraient voir se réaliser aujourd'hui à Bruxelles, était pratiqué avec succès à l'époque dans la ville de Lübeck. Le commerce des harengs, de la laine, du sel et des céréales suivait des règles homogènes. Aux notables, il apporta l'influence, aux commerçants, la richesse et aux citoyens, la fierté qui se dégage encore des façades en briques de la porte de Marie (Marientor), des églises et du vieil hôtel de ville de Lübeck.

L'esprit de la Hanse souffle toujours sur Hambourg et Brême, les deux grands ports de la mer du Nord. La plaque minéralogique des voitures de ces cités porte un H pour Hanse. Elles sont restées villes libres comme ne l'étaient autrefois que Venise et Gènes en Europe. On peut les féliciter de leurs problèmes: une visite d'Etat de la reine d'Angleterre, attendue dans l'allégresse générale, entraîne pourtant de graves discussions parmi les citoyens. Est-ce que le premier maire de la ville doit recevoir la personne royale en haut de l'escalier de la mairie ou faire quelques pas à sa rencontre? En fait, le premier magistrat de Hambourg n'est que le représentant d'un million et demi d'Hanséates. Mais selon la constitution, il occupe le même rang que le Président du Conseil du grand Etat libre de Bavière. On ne met pas tout dans le même sac en Allemagne et c'est ce qui fait le charme de ce pays!

Nous nous sommes déjà trop attardés sur les côtes et aux anciennes frontières. Il est temps de pénétrer un peu plus à l'intérieur de ce pays plein de secrets.

«La forêt se dresse sombre et se tait

Des prés s'élève un merveilleux brouillard blanc.»

C'est ainsi que Matthias Claudius décrit le tressaillement léger que certains paysages allemands provoquent en nous et en d'autres aussi. Nos voisins européens de l'Ouest et du Sud se sont souvent perdus en considérations sur la relation mystérieuse des Allemands avec la nature, plus précisément avec la forêt. Parfois, ils ont peint les forêts entre le Harz et le Spessart, entre l'Eifel et le Erzgebirge comme étant toujours l'habitat de géants, de fées, de nains et de lutins.

Selon eux, depuis le début de son histoire, l'Allemand se serait retiré tous les cent-cinquante ans dans la jungle de son âme pour en jaillir soudain et se battre sauvagement. Le lien romantique entre la forêt et la barbarie n'est plus très crédible. Mais il est vrai que les randonnées dans les bois représentent un rituel purifiant pour bon nombre d'Allemands. Et leur plaisir est à son comble quand ils aperçoivent les tours d'un château en ruines au-dessus de la cime des arbres ou entendent les cloches d'un monastère vibrer dans les profondeurs boisées.

Le mythe de la forêt comparé à la réalité offre pourtant une image différente. La pluie acide et les gaz d'échappement toxiques ont éprouvé le bois si précieux à l'âme allemande. Par ailleurs, il n'est plus la jungle où les légions romaines ne pénétraient qu'en hésitant, ni le taillis que les charbonniers d'antan remplissaient de fumée. Les forêts sont aujourd'hui des emplacements numérotés avec des panneaux d'indication qui se dressent comme des compagnies de soldats prussiens. Elles ressemblent à des esplanades où les pins et les sapins paradent avant d'être transformés en papier journal sur lequel sera imprimée en fins caractères l'histoire triste de la mort de la forêt allemande. De fait, il est alarmant d'écouter les rapports des chasseurs et des forestiers. Le peuple allemand tient beaucoup à ses forêts. Ce sentiment sera soumis à dure épreuve dans les nouveaux cinq Länder du pays: la lignite fut des années durant la source d'énergie principale du système économique socialiste. Les émissions provenant de l'industrie chimique, des moteurs à deux temps des Trabis et des briquettes qui alimentent des centaines de milliers de poêles sont novices à l'environnement. Elles ont dépouillé de leurs feuilles les arbres de la région de l'Erzgebirge et enveloppent les environs de Bitterfeld et de Halle d'une purée de pois artificielle. Ce brouillard érode les façades des magnifiques maisons patriciennes et des églises de Leipzig. Un fait est certain: la protection de l'environnement devra venir en tête de liste au moins jusqu'au milieu du siècle prochain.

La forêt constitue un charbon potentiel. Il y a des millions d'années, de vastes étendues boisées s'étendaient au nord de la Ruhr. Des couches de roches épaisses de milliers de mètres les comprimèrent en veines de charbon qui allaient procurer un stock énorme d'énergie noire. La première base de l'industrie lourde allemande était établie… Une autre base fut fournie par l'afflux d'hommes jeunes et musclés venus des provinces de l'Est. C'était une main-d'œuvre pas chère, pleine de bonne volonté, peu exigeante et qui conserva ces qualités durant cent ans. Les capacités techniques des spécialistes des mines formèrent la troisième base. Les hommes arrachèrent le charbon des entrailles de la terre et le transformèrent en fer et en acier. Finalement, la proximité des autres régions industrielles européennes joua un rôle important. Le prix des transports se trouva extrêmement réduit car les lourds convois de fer, coke et machines d'acier n'avaient qu'à emprunter le Rhin ou la Ruhr pour arriver à destination.

Voilà, expliqué en quatre points, le mystère de l'industrie de la Ruhr. Il est facile de comprendre que nos voisins européens en aient fait un monstre ou un mythe quand on se rappelle la tendance allemande à créer des légendes. Le paysage contribue aussi à faire naître la sensation que la terre se dérobe sous les pieds. Le pavé de la rue peut s'affaiser soudain ou tout un quartier doit être rapidement évacué parce qu'une ancienne galerie, enfouie sous les fondations des maisons, a décidé de s'écrouler. Vue avec une optique moderne, la région n'est toutefois plus du tout menaçante. Elle traverse une phase de mutation: la technologie de pointe remplace peu à peu l'industrie lourde. L'expert en ordinateur supplante le mineur. On offre des prestations de service et non plus du gros tonnage.

Presque tous les habitants de la Ruhr descendent d'immigrés qui n'ont pas du tout l'intention de repartir vers d'autres cieux. Ils soignent avec amour leurs jardinets cachés derrière la grisaille des rangées de maisons, les peuplent de nains et de daims en céramique et se réjouissent quand leurs pigeons-voyageurs rentrent au pigeonnier. Les nouvelles rapportées ne peuvent être que bonnes puisqu'elles sont arrivées.

Le public qui chaque soir remplit les nombreux théâtres de la Rhénanie du Nord-Westphalie - il y en a autant qu'à Londres - se rallie sans doute à cette doctrine. En tout cas, il a créé un autre mythe sans équivalent: celui qui entoure le théâtre de danse de Pina Bausch. Ce corps de ballet extraordinaire réside dans une ville où n'iraient le chercher ni son public international, ni ses mécènes: à Wuppertal, la cité du chemin de fer aérien. Enclavée dans une étroite vallée fluviale, cette ville est une utopie technique du 19ème siècle qui aurait pu sortir de l'imagination de Jules Vernes, mais qui survivra naturellement au 20ème siècle.

Je n'aurais pas lié Wuppertal à la région de la Ruhr s'il s'était trouvé un autre endroit dans mon récit où l'y nicher. Son élégance est bien trop discrète pour faire partie du district. Par contre, la colline de villas du vieil Alfred Krupp s'intègre fort bien à la Ruhr. A qui voulait-il donc en imposer quand il a fait bâtir ces propriétés à la Versailles? En tout cas, il ne put jamais égaler la distinction des châteaux de la région. C'est bien un phénomène de toutes les époques de montrer «pour qui on se prend» en étalant une grandeur étouffante. Les quartiers généraux des grandes banques de Francfort en donnent un bel exemple, égalé par «L'anneau du Nibelung» de Wagner, le château Neuschwanstein de Louis II et bien sûr par la colline de villas de Krupp.

Durant très longtemps, les Allemands ont considéré le limes comme une démarcation dans leur civilisation. Avec le limes, une ligne de fortification gigantesque, les empereurs romains protégaient la Germanie cultivée, c'est-à-dire l'Allemagne du Sud et de l'Ouest, des attaques déclenchées par les Germains sauvages du Nord et de l'Est. Selon la théorie, les tribus à l'intérieur du limes avaient une avance de 400 ans dans le domaine de la culture. Le développement de celles qui vivaient à l'extérieur suivait cahin-caha et jusqu'à aujourd'hui, n'aurait pas encore atteint les critères classiques européens. C'est du moins ce que l'on raconte à mi-voix. D'après les critiques, ceux qui habitent en dehors du limes n'ont pu devenir que des luthériens, des sergents prussiens, des «Bismarckiens», des socio-démocrates, mais jamais de vrais bons Allemands.

En contrepartie, pour les Allemands du Nord, les hommes au sud du Main (donc du Limes) sont des gaillards peu sûrs, indignes de confiance, paresseux, incultes et sans aucuns dons techniques.

Ces concepts ne valent pas grand-chose pour éclaircir les différences culturelles. Ils n'expliquent pas pourquoi la musique de Schütz, de Bach, d'Händel ou de Wagner est née dans la sobre Allemagne du Nord ou de l'Est tandis que le Sud, soi-disant en retard sur la technique, a construit les plus admirables cathédrales, palais et demeures de patriciens. Il est pourtant vrai que la façon de vivre change dès qu'on atteint le Rhin et la vallée du Main. Le limes n'élucide pas la création du protestantisme, mais sépare par hasard, les régions protestantes de celles où domine le catholicisme. Il s'agit donc d'une affaire de style de vie: austérité au Nord, jovialité au Sud. Le vin ne pousse pas à l'extérieur du limes. L'affectueux suffixe diminutif «lein» du Sud se transforme au Nord en «chen», une phonème palatale au son âpre. En fin de compte, les différences découlent d'une autre source: elles sont nées avec le Saint Empire romain germanique.

Durant les mille années de son existence, ce cauchemar des spécialistes de droit public a englobé non seulement une grande partie de l'Allemagne actuelle, mais aussi un bon morceau de l'Europe. Son centre de gravité ne se trouvait pas à Vienne, résidence principale de l'empereur qui régnait sur plus de 300 petits ou grands souverains. Les évêchés, les villes libres et les modestes résidences formaient le vrai cœur de l'Empire. En faisait partie Francfort, ville impériale libre et lieu de naissance de Goethe ainsi que la résidence princière de Weimar en Thuringe où le grand poète vécut. Un lacis de vieux droits sacrés et de devoirs liait les sujets aux autorités. L'empereur et ses tribunaux avaient la tâche de veiller à ce que personne ne se sente lésé. La relation qui s'établit au cours des siècles entre le haut et le bas de l'échelle était donc surtout basée sur la confiance et l'obligeance mutuelle.

Par contre, les territoires du Nord-Est étaient gouvernés par un petit nombre d'administrations rationnelles et progressives. On attendait des sujets qu'ils obéissent et non pas qu'ils se réclament d'anciens droits sacrés! Entre le paysan du Main et son empereur, il n'y avait que l'abbé de l'abbaye impériale. Mais au Nord, le seigneur des lieux, le préfet et surtout le roi de Prusse séparaient le paysan de l'empereur lointain.

Cet empire se nommait saint et il l'était, d'une façon un peu fabuleuse, comparé aux Etats qui l'entouraient. Il cherchait à se maintenir et non pas à s'élargir et ne faisait de mal à personne. L'empereur était déjà très heureux quand les Français et les Suédois le laissaient en paix et quand les Turcs ou les Prussiens ne tentaient pas de lui voler un morceau de ses terres.

Le cœur du vieil Empire se trouvait sur le Rhin. La chaîne des centrales productrices d'énergie, des usines et des grands édifices d'administration qui font vivre une grande partie du peuple allemand s'étend entre les cloîtres et les cathédrales de Xanten, Cologne, Bonn, Mayence, Spire et Worms, des lieux où les anciennes légions romaines vénéraient leurs dieux.

Une promenade sur le Rhin apporte un véritable témoignage historique. Les méandres du fleuve sont encombrés de chalands et de bateaux de plaisance bondés de touristes. Les guides pointent un doigt sur les châteaux, les montagnes, les villages dans les vignes et racontent les histoires qui y sont attachées. L'intérêt s'accroît quand on dépasse l'ancien siège des hauts-commissaires des alliés perché sur le Petersburg ou la villa d'Adenauer près de Rhöndorf et quand on aperçoit le célèbre pont de Remagen. Ces souvenirs sont également rentrés dans l'humus historique dont se nourrit l'Allemagne.

La relation du peuple avec leurs capitales respectives est très revélatrice. Pour tous les Français, Paris est la métropole du monde. Les Américains n'apprécient pas beaucoup Washington et encore moins le gouvernement qui y réside. Ce lieu ne représente pas l'Amérique. Au cours de toute leur histoire, les Allemands n'ont possédé une vraie capitale que durant 75 ans et ils ne l'ont pas véritablement aimée.

Durant trente années, un mur infranchissable sépara Berlin en deux. La partie occidentale de la ville, sorte d'île au milieu du bloc est, était éloignée de 180 kilomètres de la frontière ouest-allemande. Une situation géographique qui la rendait très vulnérable au chantage. Le 9 novembre 1989, le monde entier acclamait la chute du mur. Depuis, la ville de presque trois millions et de-mi d'habitants travaille à sa réunification. Centre administratif et industriel important, elle re-vendique la position de capitale officielle et de siège du gouvernement d'Allemagne. Berlin pos-sède deux pandas, le buste de Néfertiti, l'autel de Pergame et la vie nocturne la plus folle du pays. Son Palais des Congrès ressemble à un navire échoué. Sa population turque est aussi im-portante que celle d'une grande ville de Turquie. Une foule d'agents de quelque deux douzaines de services secrets de l'Est et de l'Ouest s'esquivent peu à peu. Mais Berlin conserve une centaine de milliers d'étudiants, les chauffeurs de taxis les plus bavards de la partie nord du globe et une nature magnifique environnante de lacs et de forêts.

Bonn a du mal à suivre, bien que cet ancien quartier général de la deuxième légion romaine (Minerva) ait 1200 ans de plus que Berlin. La ville donne dans la modestie. Les annales ne la men-tionnent toutefois plus comme capitale provisoire, attribut qu'elle portait au début de la créa-tion de la République fédérale. Ses magnifiques avenues datent de l'époque à laquelle le sou-verain régnant était un archevêque prince électeur et premier paladin de l'Empire. Bonn ne possède pas encore de lieu commémoratif où les potentats étrangers en visite officielle pour-raient venir s'incliner. Les responsables politiques pensent certainement que la maison natale de Beethoven suffit assez pour éveiller un brin de recueillement chez les visiteurs.

Bonn, ville d'érudits et de bureaucrates, n'aime pas l'emphase. Le souvenir de l'humour sar-castique d'Adenauer réduit vite au silence les politiciens qui s'y essaient. Les citoyens allemands ne font pas oublier à ceux de Bonn qu'ils s'ennuient à mourir devant leurs écrans de télévision, à l'heure des nouvelles politiques. Toujours les mêmes images d'édifices gouvernementaux banaux agrémentés de personnages interchangeables! Mais les dirigeants du pays ne peuvent changer de rôle. Ils se consolent de la réserve de leurs compatriotes avec les admirables pay-sages qui entourent la capitale: le «Drachenfels» et les Sept-Montagnes. Quant aux citoyens alle-mands, ils concentrent leurs sentiments amicaux - s'ils en nourrissent bien sûr - sur les respon-sables politiques de leur région respective.

Munich et Stuttgart offrent d'excellents exemples. Les deux villes sont les anciennes rési-dences de deux princes électeurs importants. Munich, siège de gouvernement, a presque le même âge que l'Etat de Bavière, le plus ancien et le plus vénérable de toute l'Allemagne. Il a fal-lu plus de temps à Stuttgart avant qu'elle ne devienne une légende, sans doute parce que les princes de l'illustre maison de Hohenstaufer préféraient parcourir les routes d'Italie ou du Saint Empire au nom de l'empereur à rester dans leur fief. Stuttgart a pourtant rattrapé le temps perdu. Les Souabes tolèrent même que l'actuel chef de la province imite les souverains Hohen-staufer et passe autant de temps qu'eux à l'extérieur de ses terres. On sait qu'il le fait pour l'économie du pays quand il manie les baguettes en Chine ou trinque à la vodka avec les diri-geants du Kremlin.

La cordiale antipathie qui règne entre le Sud et le Nord, l'Est et l'Ouest, fait autant partie de l'Allemagne que la méchante fée dans les contes d'enfants. Les Prussiens du 19ème siècle, forts de leur supériorité militaire et technique, ne cachèrent jamais le mépris qu'ils éprouvaient envers les habitants des régions au sud du limes. En revanche, le Berlinois avait une réputation de vantard en Bavière et d'indiscret dans la province souabe. Tout s'effondra lorsqu'Hitler perfectionna la dominance prussienne jusqu'à en faire un instrument de mort. Si le Bavarois restait un paysan et le Souabe un travailleur, l'Allemand du Nord n'était plus qu'outrecuidant.

On pourrait faire des gorges chaudes des Bavarois avec leurs chapeaux à plumes et leur penchant pour la chope. Mais tandis que le Nord de l'Allemagne s'amusait à comparer la politique bavaroise à des querelles de bistro et les Souabes à de petits entrepreneurs de maçonnerie, la technologie d'avant-garde s'installait dans le Sud de l'Allemagne. Dans ces parts, l'industriel ne fut jamais considéré comme un exploiteur, mais fut accueilli à bras ouverts par une administration prévoyante.

Les résultats s'inscrivent dans les nouvelles structures industrielles de ces régions et dans le nombre toujours croissant de techniciens féconds. De grands groupes tels Mercedes et MBB, BMW et IBM ont transformé la campagne autour de Stuttgart et de Munich. Mercedes s'enorgueillit aujourd'hui d'un haut niveau d'automatisation. Il se peut qu'un jour, la main de l'homme ne joue plus aucun rôle dans la production. Les anciens de Stuttgart se souviendront alors des années 80 et parleront de l'ouvrier perfectionniste des chaînes de montage de Mercedes: il accomplissait le même mouvement cent fois par jour; il refermait les portes qu'il venait de monter sur la 300 E et sentait à la façon dont elles claquaient si la carosserie correspondait aux exigences qu'on attendait de la voiture. Il se peut qu'on ait encore besoin de cet homme en l'an 2000. Pour le moment, la création de milliers de jeunes entreprises a mis le Nord du pays à l'arrière-plan. Celui qui a l'esprit d'initiative va s'installer dans le Sud. Ou peut-être voit-il aujourd'hui son avenir à l'Est, dans les nouveaux Länder du pays qui ont tant à rattraper. Qui sait?

Munich et Stuttgart ne gouvernent pas une idylle industrielle sereine. La rivalité ancestrale qui oppose le Nord et le Sud du pays, se retrouve sous une forme atténuée entre la Bavière et le Bade-Wurtemberg. Ces deux régions nourrissent toujours d'anciens préjudices l'une contre l'autre. C'est une vieille tradition démocratique que de ne jamais oublier les torts qu'on s'est fait réciproquement, il y a un ou deux siècles! Bavarois et Souabes perpétuent cette coutume, chacun mimant l'innocence bafouée à tour de rôle.

Si quelques divergences séparent les Allemands du Sud, ils partagent toutefois en commun un amour baroque de la vie. Ils adorent leurs paysage solennels, les lacs devant le panorama des montagnes aux pics enneigés, les clochers bulbeux de leurs églises, les processions religieuses et les enseignes dorées avec des ours, des cygnes ou des grappes de raisin qui ornent les auberges des villages. L'Allemand du Sud révèle tout son impétuosité durant le Mardi-Gras, quand les rues s'emplissent de sorcières, de masques d'oiseaux aux longs becs et d'énormes têtes de nourrissons. Les mythes et les contes d'antan s'enchevêtrent alors en un kaléidoscope dément. Les fous de quelques jours se déchaînent pour l'année entière. Le Saint Empire romain germanique refait surface au cours des fêtes de Mardi-Gras et de Carnaval.

Un étranger arrivant dans la région pendant cette période en février, ne pourrait pas plus délimiter les pays voisins - Autriche, Suisse - pas plus que la province alsacienne. Si les masques et les bonds des fous diffèrent, leurs sens en est le même. Les Allemands ne se sentent plus, comme hier encore, isolés ou même exclus de la grande famille européenne. Les frontières ouvertes permettent de passer sans difficulté d'une nation à l'autre et les jeux des douaniers et contrebandiers ne sont plus d'actualité.

L'Empereur Conrad III qui avait cerné la cité renégate de Weinsberg sur le Neckar, décida d'user de psychologie pour inciter les assiégés à se rendre. Il promit leur liberté aux femmes de la ville. De quoi vivraient-elles après avoir abandonné maisons et biens? rétorquèrent-elles. Considérant cette réponse justifiée, l'empereur permit à chaque femme d'emporter ce dont elle pourrait se charger. Les portes de la ville s'ouvrirent à l'heure indiquée pour laisser passer une longue procession de femmes, chacune portant son mari sur son dos. Un stratagème qui désarma le courroux du vainqueur!

Jusqu'à présent, il n'a été question que des hommes allemands, affairés à missionner les païens, construire des digues ou des églises, extraire du charbon, jouer au football et programmer des ordinateurs. Mais tout au long de ce récit, aucun mot n'a encore été dit sur les femmes…

C'est une inattention que nous partageons malheureusement avec bien d'autres peuples. Et pourtant, que les femmes allemandes d'aujourd'hui rappellent celles de Weinsberg! Durant les deux grandes guerres de ce siècle, ce sont elles qui ont maintenu la maison en ordre, élevé les enfants et aidé les maris qui n'étaient pas tombés à se bâtir une nouvelle existence. Les hommes ont bien tenté ultérieurement de retrouver leur apanage, mais sans y parvenir vraiment. Les femmes ont déblayé les ruines, inventé l'émancipation et conquis leur place sur les bancs des universités. Elle s'insèrent aujourd'hui dans la politique établie, et donnent à l'Allemagne une physionomie nouvelle. Personne n'oserait la définir pour l'instant, mais certains qui connaissent les femmes, parlent d'un développement prodigieux…

Nürnberg, „Schöner Brunnen", nach einem Gemälde von P. Ritter (Stich um 1890)

So vielseitig wie in seinen Landschaften ist Deutschland auch in seinen Grenzen. Die Bundesrepublik reicht im Süden an den Alpenrand heran, im Norden an die Küsten zweier Meere, im Westen gibt es alte Nachbarschaften und im Osten endet sie an der Oder. Geschlossen und gesichert nach der einen Seite, war Deutschland auf der anderen von jeher offen zum Wasser. Über Wasser kam das Christentum mit den irischen Bekehrern, vom Wasser kamen später auch die Wikinger, heidnische Herausforderer für das Christentum Europas, und segelten den Rhein hinauf bis ins heilige Köln. Zur Kaiserzeit lag Deutschlands Zukunft auf dem Wasser. Heute ist vor allem Deutschlands Freizeit dort zu finden, alljährlich im Sommer zur Reisezeit - und jedes Jahr im Frühling, wenn die Spitzensportler sich zur Kieler Woche treffen.

Germany's wide variety of scenery is reflected in the changing landscape of its borders. The south is bounded by the massive block of the Alps, whereas the flat coast of the north is washed by the North Sea and the Baltic. Time-honoured neighbours range along an inconspicuous western border, while to the east the border goes to the Oder. The Alps have always been a protective wall; the coast was open to every kind of invasion. The boats of St. Boniface and other Irish missionaries arrived in the eighth century, but their work of converting the heathen was soon challenged when the formidable longships of the Vikings thrust up the Rhine to Cologne. Later the northern harbours became the lifeline of Germany's trade under the Kaisers. Now holiday-makers invade the coastline in summer.

Les frontières de l'Allemagne sont aussi diversifiées que ses paysages. Le pays s'arrête à la chaîne des Alpes dans le Sud. Au Nord, il est bordé par les côtes de deux mers. Il a de vieux voisins à l'Ouest et le fleuve Oder est sa frontière à l'Est. Si l'Allemagne est bien fermée et protégée d'un côté, elle a été de tous temps accessible par la voie des eaux dans l'Est et dans le Nord. Les Irlandais, apporteurs du christianisme, ont traversé l'eau. Ils ont été suivis des Vikings païens qui remontèrent le Rhin jusqu'à la Cologne Sainte. A l'époque de l'empire, l'avenir de l'Allemagne reposait sur l'eau. Aujourd'hui, ses habitants y passent surtout leurs moments de loisirs. Les bords des fleuves et des mers sont envahis à la belle saison par les vacanciers. Et chaque année au printemps, les grands sportifs se retrouvent aux régates de «la semaine de Kiel».

Das Tor wurde 1595 erbaut und war dann 200 Jahre lang die nördliche Begrenzung der Stadt. Über dem Torbogen befinden sich zwei Wappen: das dänische Königs- und das Flensburger Stadtwappen. Das Tor wurde erst kürzlich gründlich renoviert! - Immer schon war es Wahrzeichen der Stadt und ihrer skandinavischen Verbindungen. Auch heute noch herrscht hier ein geschäftiges Hin und Her. Dänen kaufen diesseits der Grenze, und Deutsche erleben jenseits die humorige dänische Ruhe, ihre gepflegte Landschaft und die farbigen Städte und Dörfer.

For two centuries the gabled Nordertor gateway, built in 1595, marked the northern boundary of Flensburg. The coats of arms over the archway are those of Flensburg and the royal house of Denmark, for the Nordertor was a symbol both of Flensburg's proud heritage and its close associations with Scandinavia. Flensburg is on the Danish border and its ties to Denmark are as close as ever. Danes come here on shopping expeditions; Germans go north in search of the well-kept countryside, the attractively-painted houses and the quiet humour of the Danish people.

La porte construite en 1595 fut la limite nord de la ville durant 200 ans. Deux armoiries se trouvent au-dessus de l'arceau: l'écusson du roi du Danemark et celui de la ville de Flensburg. La porte, restaurée récemment, a toujours été le symbole de la ville et de ses liens avec la Scandinavie. Un va-et-vient animé, règne encore aujourd'hui. Les Danois passent la frontière pour venir faire des courses à Flensburg tandis que de l'autre côté les Allemands découvrent la placidité des Danois, leurs paysages soignés et leurs villes et villages colorés.

Da es im Weltkrieg unbeschädigt blieb, konnte Flensburg seine Altstadt mit 200 Jahre alten Läden und Werkstätten, dazu Grünanlagen mit fließenden Bächen, geschickt sanieren. Die Kaufmannshöfe, Patrizierhäuser, das Kompagnietor an der Schiffbrücke, Speicher des Rumhandels, und der Nordermarkt sind typische Beispiele dafür. Von Lübeck aus fuhren schon im Mittelalter die Kaufleute in die Welt. Sie schlossen sich im 13. Jhdt. mit anderen Städten zur „Hanse" zusammen. So wehrten sie sich gegen Krieg und Seeräuberei und wuchsen im Schutze der Handelsfreiheit.

Flensburg was spared destruction in the last war, which made the preservation of historic buildings in the old quarter far easier than in many other towns. Fine examples of careful restoration may be found in the merchants' houses, the rum storehouse, the marketplace (Nordermarkt) and Kompagnietor gateway. - Lübeck was the dominant city of the powerful medieval Hanseatic Leage, which promoted free trade and discouraged piracy and warfare. The great German writer Thomas Mann was born in Lübeck in 1875 and set his novel "Buddenbrooks" in his home town.

La vieille ville de Flensburg qui abritait des boutiques et ateliers vieux de 200 ans put être assainie puisqu'elle n'avait pas été endommagée durant la seconde guerre monidale. Aujourd'hui, on peut admirer de belles échoppes anciennes, des maisons patriciennes, la Kompagnietor (porte), la Schiffsbrücke (pont), l'entrepôt du commerce du rhum et le Nordermarkt (marché). Au Moyen Age déjà, les commerçants partaient de Lübeck dans le monde entier. Au 13e s., la cité était à la tête de la Hanse, ligue qui avait pour but de protéger les villes hanséatiques contre les guerres et les pirates.

Hamburg ist das Tor zu den Meeren der Welt. Gegründt wurde hier vor mehr als tausend Jahren eine Feste „Hammaburg"; groß wurde die Stadt mit dem Hafen: ein eigener Feiertag erinnert daher an den eigentlichen Gründungstag, den „Überseetag" am 7. Mai. An diesem Tag des Jahres 1189 wurde angeblich ein Freibrief Kaiser Friedrich Barbarossas gesiegelt. Der Brief ist eine Fälschung, wie man heute annimmt, die Zoll- und Schiffahrtsprivilegien jedoch, die er versprach, die blieben um so wirklicher und wichtiger.

Hamburg, Germany's gateway to the world's oceans, started its history over a thousand years ago as a Christian settlement with a castle, the Hammaburg, that was to give the city its name. Hamburg has its own public holiday, Overseas Day, on May 7th, for it was supposed to have been on this day in 1189 that the Emperor conferred on the town an all-important charter of trading privileges. The charter itself is unfortunately a thirteenth century forgery, but there is no doubt about the status of Hamburg as one of the world's greatest ports.

Hambourg est la porte sur les mers du monde. «Hammaburg», forteresse près de l'obstacle, fut fondée il y a plus de mille ans. La ville prit toutefois de l'importance avec le port. Le 7 mai de l'an 1189, l'empereur Frédéric Barberousse aurait apposé son sceau à une lettre de privilèges favorisant la ville. La lettre était un faux, mais les droits et avantages qu'elle promettait restèrent concédés aux habitants.

Von allen Gütern, die aus Übersee nach Hamburg kamen, wurde der Pfeffer wohl am meisten genannt: er trug den Kaufleuten den Namen „Pfeffersäcke" ein. Sie nahmen ihn hin - mit Stil, ohne jede Verlegenheit. Doch das Rathaus von 1897, das sechste in der Stadtgeschichte, demonstriert das Selbstbewußtsein einer unerschütterlichen Zuversicht. Am Wasser liegt Hamburg, aber nicht am Meer. Die Schiffe, die von hier nach Rio fahren oder nur bis Helgoland, fahren mehr als hundert Kilometer noch auf der Elbe, ehe sie die See erreichen.

Of all the world's wares that flooded into Hamburg, the most valuable and profitable used to be pepper. It was the pepper trade, and no doubt the portly figures of those who profited from it, that gave the local merchants the nickname "pepper-sacks". They regarded the name as a compliment rather than an affront. That same spirit of unshakeable self-confidence is to be found in Hamburg's architecture, notably in its imposing Town Hall and harbour buildings. A glance at the map will show that ships have to sail nearly 70 miles up the Elbe to dock in Hamburg.

Le poivre était le plus importante denrée qui arrivait d'outremer dans le port de Hambourg. Il donna leur sobriquet: «sacs de poivre» aux commerçants de la ville. Ceux-ci le portèrent avec fierté. Les façades richement décorées de l'Hôtel de Ville, le sixième dans l'histoire de la ville, témoignent de l'assurance inébranlable des Hambourgeois. Hambourg est située au bord de l'eau, mais non pas au bord de la mer. Les navires qui quittent son port doivent remonter l'Elbe durant 100 km avant d'atteindre le large.

Der Stadtstaat Hamburg hat nicht nur den Reiz der Millionenstadt, das irritierende Gemisch von Geldverdienen und Gemütlichkeit, er bietet auch in seinen engen Grenzen viele Freizeitangebote: die Binnenalster für den Wassersport und links der Elbe gleich den größten Obstgarten im ganzen Norden, das „Alte Land" zwischen Stade und Finkenwerder. Die alten Marschendörfer sind besonders in der Zeit der Baumblüte das Lieblingsziel der Hamburger - und die zeigen es stolz ihren Gästen.

The city of Hamburg is also an independent state within the Federal Republic. The people of Hamburg are reckoned to have a very correct, business-like approach to life, though stereotypes are always risky; perhaps the most famous native of the city was one of the greatest Romantic composers, Johannes Brahms. Not far from Hamburg is the peaceful "Altes Land", a wide expanse of orchard country east of the River Elbe. The charming villages of these marshlands art a local showpiece and a favourite place for outings, especially when the fruit trees are in blossom.

Hambourg qui constitue un «Land» à elle seule, offre de nombreuses places d'agrément malgré ses étroites frontières: les bords de l'Alster pour les sports nautiques, et à gauche de l'Elbe, le plus grand verger de tout le Nord, le Vieux Pays, qui s'étend entre Stade et Finkenwerder. Les anciens villages dispersés dans une campagne magnifique, sont les buts d'excursion préférés des Hambourgeois, surtout quand les arbres fruitiers sont en fleurs. Et ils les montrent avec fierté à leurs visiteurs.

Der Bootshafen mit der „Alten Liebe", früher Anleger, heute Aussichtmole, bietet einen Blick über den größten Schiffahrtsweg der Welt. - Vor allem aber ist Cuxhaven ein Nordseeheilbad mit 10 Kilometern Sandstrand, Kurmittelhaus und allen medizinischen Anwendungen. Eine große Erlebnisvielfalt bietet einen Kurpark, Theater, Folklore, Museen, Galerien, Shopping, ein Vogelparadies, einen Neuwerk-Besuch mit Pferdefuhrwerk durchs Watt, Schiffsausflüge nach Helgoland, aber auch „Oasen der Ruhe".

The harbour at Cuxhaven offers a view of one of the greatest shipping lanes in the world, the northern reaches of the River Elbe between Hamburg and the sea. Cuxhaven is also a seaside and health resort, offering a wide range of entertainment, miles of sandy beaches and excellent medical facilities for its guests. From Cuxhaven you can take a horse-drawn carriage through the endless coastal mud-flats known as the "Watt", now one of Europe's largest bird reserves, or board a ferry to the island of Helgoland to admire its spectacular red sandstone cliffs.

Une belle vue sur la plus grande route maritime du monde s'offre depuis l'«Alte Liebe», le môle à la pointe nord des bassins du port. Mais Cuxhaven est surtout une station balnéaire avec 10 kilomètres de plages de sable et un établissement de balnéothérapie qui propose une grande variété de traitements médicaux. Pour le délassement des estivants, la ville possède en outre un parc magnifique, un théâtre, des musées et galeries et une immense volière. On peut aussi se promener sur le sable mouillé en calèches ou faire des excursions en bateau jusqu'à l'île paisible d'Helgoland.

Die Insel Nordstrand ist mit Pellworm und zwei Halligen Überrest der Insel Strand, die mit dem reichen Rungholt 1362 und 1634 von den Fluten zerrissen und fortgespült wurde. Auf Nordstrand lebt man von fruchtbaren Ernten, aber mehr und mehr auch vom Fremdenverkehr. Seit einem Jahr ist die Insel Seeheilbad. Deich- und Wattwandern, Ausflüge mit Halligschiffen und Pferdefuhrwerken sowie richtig kuren sind jetzt die Urlaubsaktivitäten auf dieser Insel. Nationalgetränk ist der „Pharisäer", Kaffee und Rum, unter einem Sahnehäubchen versteckt.

This shifting coastline is subject to violent transformations. Where there are now four islands, Nordstrand, Pellworm and two others, there was once only one. Its thriving harbour, Rungholt, was washed away in 1362; storm tides rent the whole island apart in 1634, leaving Nordstrand as the largest remaining fragment. The islanders live from farming the fertile soil and, increasingly, from tourism. The coastal mud flats can be explored on foot or by horse-drawn carriage; try rounding off your day with a local speciality, coffee laced with rum and topped with cream.

Avec Pellworm et deux autres petites îles Halligen, l'île de Nordstrand est ce qui reste de l'île Strand qui fut envahie par la mer en 1634. Sur Nordstrand au sol fertile, les insulaires vivent de l'agriculture et de plus en plus du tourisme. L'île est une station de balnéothérapie depuis une année. Les principales activités des vacanciers et curistes sont des promenades sur la digue et sur le «Watt», des excursions en calèches ou en bateaux jusqu'aux autres Halligen et bien sûr la thalassothérapie. La boisson nationale s'appelle «pharisien», un mélange de café et de rhum recouvert de crème fouettée.

Unser Luftbild zeigt in der Mitte die naturrunde, 82 Quadratkilometer große Wattinsel Föhr, im Hintergrund Amrum und vorn ein Stück der Hallig Langeneß. Wer keine Nordseebrandung liebt, reist nach Föhr, in das Seeheilbad Wyk oder in die Inseldörfer. Sehenswert sind die Dorfkirche und Friedhöfe mit Grabsteinen der Walfänger und Kapitäne. In Wyk befindet sich ein Heimatmuseum. Seit Generationen wandern viele Föhringer aus Existenzgründen in die USA oder nach Australien aus. Bei Festlichkeiten tragen die Frauen noch eine der würdigsten deutschen Trachten mit dem

The aerial photo shows the circular island of Föhr. In the background can be seen the island of Amrun, in the foreground part of Langeness. There are no spectacular breakers on the sheltered beaches of Föhr, just a quiet swell that harmonizes with the neat, photogenic island villages, the little churches and the graveyards where generations of whale fishers and sea captains lie. In the village of Wyk there is a local history museum illustrating the island's crafts, customs and traditional dress, which is one of the most dignified of all the national costumes of Germany.

L'île ronde de Föhr large de 82 km² occupe le centre de la vue aérienne; Amrun se dessine au fond et on peut voir un morceau de la Hallig Langeness au premier plan. Föhr, à l'abri des vents grâce à la présence de Sylt et d'Amrun, bénéficie d'un climat très doux. Outre la station balnéaire de Wyk où l'on peut visiter le musée du Dr. Häberlin, l'île possède plusieurs villages pittoresques avec des églises paroissiales intéressantes et des cimetières renfermant des tombes curieuses. Durant des générations, de nombreux insulaires émigrèrent vers les USA ou en Australie.

ererbten silbernen Friesenschmuck. Da die Insel zum größten Teil aus Marschland besteht, wird hier noch sehr viel Landwirtschaft betrieben. Vom Deich aus sind die Vogelkojen, die man einst anlegte um Zugvögel anzulocken, zu erkennen. Die Insel wächst auch heute noch immer weiter: im Norden wird wie früher Land gewonnen und salzige Wiesen als Weideland für Schafe genutzt. Um die Dächer der Häuser in den Orten mit Reet zu decken, werden die Reetwiesen hinter dem Deich jedes Jahr abgeerntet. Föhr erreicht man per Fähre oder Flugzeug.

Traditional dress is still worn by the women of Föhr on special occasions, along with their heirlooms of distinctive Frisian silver jewellery. Most of the island is marshy and farming has been the main occupation here for centuries. Föhr is actually increasing in size, for to the north land is slowly being won from the sea as salt marshes are gradually converted to grazing land for herds of sheep. Reed is a typical roof covering on Föhr and behind the dykes there can be found extensive reed beds which are harvested every year and dried for use by the local thatcher.

Pendant les jours de fêtes, les femmes portent encore un des plus beaux costumes folkloriques allemands et des bijoux en argent typiques de la Frise Septentrionale. L'agriculture est toujours pratiquée sur l'île composée en grande partie de terres fertiles prises sur la mer. Depuis la digue, on reconnaît les cabines installées jadis pour capturer les oiseaux migrateurs. L'île ne cesse de s'agrandir: comme autrefois, on prend des terres sur la mer, les moutons broutent sur les prés salés. Pour recouvrir les toits des maisons, on coupe chaque année les champs de roseaux qui s'étendent derrière la digue.

Rysum ist ein Rundlingsdorf westlich von Emden. Alle Straßen und Gassen führen zur massiven Festungskirche, die Schutz bei Sturmfluten und Deichbrüchen (früher auch gegen Seeräuber) bietet und in der die älteste spielbare Orgel der Welt steht (1457). 19 „Warfendörfer" gibt es hier in der „Krummhörn". Ostfriesland pur! 30 Deich- und Rundwanderwege und Kanalfahrten mit eigenem oder Mietboot laden zu einem Urlaubserlebnis ganz eigener Art ein. Ein Genuß besonderer Art ist der ostfriesischen Tee sowie die Teilnahme an Watt- und Salzwiesenführungen.

Rysum is a typical North German Rundlingsdorf, or circular village grouped around a green. The streets and lanes, like the spokes of a wheel, all lead to the sturdy village church. It contains the oldest playable organ in the world, dating from 1457, and its walls still provide refuge from storm tides, if no longer from pirates. The East Frisian coastal plain between the Ems and the Elbe offers visitors a holiday with a difference; boating along the network of Frisian canals under a wide sky and walks along dykes and lonely mud-flats to the crying of sea-birds.

Rysum est un village en forme de cercle situé à l'ouest d'Emden. Toutes ses rues et ruelles conduisent à l'église fortifiée qui sert de refuge contre les raz de marée et les ruptures de digues (et autrefois contre les pirates). L'édifice religieux renferme le plus ancien orgue en état de marche du monde (1457). Le «Krummhörn» comprend 19 villages typiques de la Frise orientale. Aux vacanciers, l'île offre 30 chemins à l'intérieur des terres et le long des digues, des canaux à parcourir à bord de bateaux privés ou loués, des excursions aux prés salés et sur les rivages ouatés et un excellent thé, spécialité de la région.

Norderney ist mit fast 200 Jahren das älteste deutsche Seebad. Wo früher Damen in gerüschten „Badekostümen" weit entfernt vom Strandleben ihr Bad nahmen, findet man heute gepflegte Hotels und Gaststätten, ein Meerwasser-Wellenbad, Golfplatz, Sand- und FKK-Strand. Man kann mit der Bahn oder dem Auto bis an die Mole Norddeich fahren und gelangt dann mit dem Fährschiff auf die Insel auf der es selbst keinen Autoverkehr gibt. So können die Urlauber ungestört mit ihren Kindern in den gepflegten Blumenanlagen flanieren.

Norderney is the name of the island and also of its only town which is nearly 200 years old, the oldest seaside resort in Germany. Ladies once bathed here in decorous frills and furbelows, far from prying eyes; nowadays this still fashionable resort has a more casual air. Norderney has a nudist beach, well-kept hotels and restaurants, a golf course and a sea-water pool with artificial waves. Norderney is one of a chain of beautiful islands along the North Sea coast. As most of them are closed to motor traffic, they make ideal places for holidaying with children.

Norderney qui a près de 200 ans, est la plus ancienne station balnéaire allemande. Là où autrefois, les dames se baignaient en costumes à volants, on trouve aujourd'hui d'agréables hôtels et auberges, des parcs bien entretenus, une piscine d'eau de mer à vagues artificielles, un terrain de golf et de belles plages de sable fin. Le bastion qui porte le nom de «Franzosenschanze» fut érigé par les Français lors du Blocus Continental en 1811. Les voitures n'ont pas accès à l'île. On prend le train ou on conduit jusqu'à Norddeich-Mole où attend le ferry-boat.

In der Bildmitte sieht man den malerischen Fischereihafen auf Neuharlingersiel mit bemalten Krabbenkuttern, Gästehäusern und Lokalen. Im Außenhafen liegt das Fährschiff nach Langeoog. Der Ort bietet einen schönen Sandstrand, einen Campingplatz und Kuranlagen. In einer Seitengasse befindet sich das Buddelschiffmuseum. Vom Radarturm in Bremerhaven hat man einen zauberhaften Blick auf die Wesermündung, den Überseehafen und das Schiffahrtsmuseum. Hier liegen viele außer Dienst gestellte Schiffe, auch ein See- und Hafenschlepper.

In the centre of the photo is the picturesque fishing port of Neuharlingersiel, with its colourfully-painted shrimp boats, restaurants and bars. The ferry to Langeoog lies in the outer harbour. Neuharlingersiel is a health resort with a sandy beach and the rare attraction of a Buddelschiffmuseum - a "Buddelschiff" is a ship in a bottle. - It is worth climbing the radar tower in Bremerhaven for the splendid view of the docks, the Weser estuary and the German Maritime Museum with its open-air harbour of historic sailing ships, an absolute must for visitors.

Le centre de la photographie montre le port de pêcheurs pittoresque de Neuharlingersiel avec ses chalutiers qui vont pêcher le crabe, ses auberges et cafés accueillants. Le ferry-boat pour Langeoog attend les passagers au port extérieur. L'endroit offre une jolie plage de sable, un terrain de camping, un établissement de cure et un musée. Depuis la tour du radar de Bremerhaven, on a une vue magnifique sur l'embouchure de la Weser, sur le port international et sur le musée appelé Schiffahrtsmuseum. Le trois-mâts «Seute Deern» et de nombreux vieux remorqueurs sont amarrés dans le vieux port.

Der größte Hafen nächst Hamburg war Bremen. Als die Weser zu verlanden drohte, gründeten die Bürger an der Mündung Bremerhaven und sicherten sich so den Einfluß ihrer Stadt, den Otto I. mit einem Marktprivileg einst begründet hatte. Nicht Bischöfe, nicht Fürsten, sondern Bürgermeister stehen seit jeher an der Spitze dieser Stadt. Die Tugenden des Handelsbürgertums haben sich unweit von Rathaus und Dom 1404 mit dem Roland ein eigenes Denkmal gesetzt, ein stattliches Standbild der Freiheit und Vorbild für andere Städte im Reich.

Bremen, on the Weser, used to be a port second only to Hamburg. The city lies well inland, and when in the 19th century its livelihood was threatened by accumulating silt in the Weser, the mayor decided to build a new port, Bremerhaven, at the very mouth of the river. Dukes and bishops may have laid down the law elsewhere in Germany, but in Bremen the mayors reigned supreme. The great statue of Roland, dating from 1404, stands before the Town Hall, an impressive monument to the almost defiant pride and independence of Bremen's townspeople.

Brême était le deuxième port d'Allemagne après Hambourg. Comme la Weser menaçait de se dessécher, les habitants de la ville fondèrent Bremerhaven à son embouchure, préservant ainsi l'influence de leur ville qu'Otto I. avait autrefois édifiée. Ni les évêques, ni les princes, mais les bourgmestres ont de tous temps régné sur cette ville. Les vertus de la bourgeoisie commerçante sont symbolisées par la fière statue de Roland dressée en 1404 en face de la cathédrale.

Früher erstreckten sich Wälder im Süden der Stadt Lüneburg. Sie wurden abgeholzt für den Schiffsbau an der Küste und verfeuert unter den Sudpfannen der Lüneburger Sole. Das Waldgebiet wurde zur Heide, das so mit doppeltem Recht den Namen nach der Salzstadt Lüneburg führt. Heute ist die Lüneburger Heide Naturschutzgebiet mit Birken, Wacholder und Heidekraut, am schönsten im Herbst und „wenn abends die Heide blüht…", wie es in einem der vielen Lieder heißt, die die Heide besingen.

In ancient times there were extensive forests to the south of the town of Lüneburg. But they were felled to provide wood for building ships on the coast and to fire the furnaces under Lüneburg's brine coppers. The forest became a heath and thus bears the name of the salt city with doubly good reason. Today the Lüneburger Heide is a nature reserve with birch trees and juniper shrubs and heather. It is at its loveliest in the autumn and "in the evening when the heather blooms…" as it says in one of the many songs inspired by the heath.

Des forêts s'étendaient autrefois dans le sud de la ville de Lunebourg. On les coupa pour la construction de navires et le chauffage des chaudières des salines. La région déboisée devint une lande. Aujourd'hui, la «Lüneburger Heide» ou la Lande de Lunebourg est un parc national d'une grande beauté empreinte de nostalgie et de mystère. Les vallons tapissés de bruyère, de genévriers, les chemins bordés de bouleaux, les sombres forêts de pins offrent les plus beaux paysages durant les mois d'automne.

Was an den Küsten angelandet wurde, mußte ins Salz. Und wer Salz sagt - soviel wußte man im Mittelalter - der sagt Lüneburg, das vor tausend Jahren schon berühmt war wegen seiner Solequellen. Gesalzen waren auch die Preise für das kostbare Gut ganz in Weiß, im Mittelalter war es beinahe mit Gold aufzuwiegen. So war die Stadt vom Salz ganz beherrscht: die „Sülfmeister" alleine bildeten den Rat der Stadt. Ausdruck dieser Blüte ist das prachtvolle Rathaus der Stadt, gebaut vor etlichen Jahrhunderten - bis Lüneburgs Bedeutung mit dem 30jährigen Krieg zu Ende ging.

The name of Lüneburg was once synonomous with the world salt, for it was the saline springs here, famous since the tenth century, that provided all the salt needed for preserving imported food. Salt was expensive and as highly prized as gold, so it is not surprising to discover that the town council of Hanseatic Lüneburg was completely dominated by officials from the salt industry. The medieval Town Hall was constantly extended as Lüneburg's prosperity grew, but the Thirty Years' War (1618-1648) marked the end of the town's influence.

Ce qui arrivait de la côte devait être mis dans le sel. Et déjà au Moyen Age, qui disait sel parlait de Lunebourg, connue pour ses salines depuis au moins mille ans. Les prix de cette précieuse denrée étaient également salés! Ils se mesuraient à ceux de l'or, du moins au Moyen Age. Le sel dominait la ville et lui apporta sa prospérité. Un des témoignages en est le somptueux Hôtel de ville qui date de 1200.

Als Marktort an der Leine ist Hannover groß geworden, und noch heute trifft sich hier die Industrie der Welt alljährlich zur „Hannover Messe". Mit sechstausend Firmen aus aller Herren Länder ist sie die größte Industrie-Ausstellung der Erde. Die prächtige Kuppel des neuen Rathauses, 1901 bis 1913 am Maschpark erbaut, erinnert mit den neuen Fronten der Umgebung an den Wohlstand dieser Stadt, die heute Landeshauptstadt Niedersachsens ist. Nicht so deutlich ist das Angedenken an den größten Denker dieser Stadt, an Gottfried Wilhelm Leibniz.

Hanover started out life as a market town on the River Leine, and today there is still a market here where industry from all over the wold comes to trade its wares: the "Hannover Messe". With six thousand firms showing their products, the Hanover Trade Fair is the biggest industrial exhibition in the world. The splendid dome of the New Town Hall, built in 1901-13 on the edge of the Masch Park, and the reconstructed facades of the buildings around it are evidence of the prosperity of this city, today the capital of Lower Saxony.

Hanovre s'est développée comme centre commercial dans la vallée de la Leine. Aujourd'hui, la foire de Hanovre attire annuellement toutes les grandes industries du monde. Les six mille firmes qui s'y retrouvent font d'elle la plus grande exposition industrielle de la terre. La haute coupole du nouvel hôtel de ville, édifié de 1901 à 1913, atteste la richesse de la ville qui est la capitale de la Basse-Saxe. Le monument du grand penseur de Hanovre, Gottfried Wilhelm Leibniz est bien moins visible.

Volle vierzig Jahre lang, von 1676 bis zu seinem Tod im Jahre 1716, diente Leibniz wechselnden Herrschern und derselben Vernunft. Er regelte die Angelegenheiten der Finanz, er wurde der Erfinder der Differentialrechnung und der ersten Rechenmaschine, er verteidigte den Kurfürst Georg, bis dieser König war in England, und er dachte schließlich den Gedanken einer „Theodizee", der Rechtfertigung Gottes angesichts des Bösen in der Welt. Dennoch wäre er den meisten nicht geläufig, gäbe es da nicht den Keks, der seinen Namen trägt.

For forty years no less, from 1676 to when he died in 1716, Leibniz served a succession of rulers and a corresponding variety of policies. He was an arranger of finances, the inventor of differential calculus, successful legal champion of Elector George's claim to the English throne, and formulator of the idea of a "theodicy", a justification of God in the face of the evil in the world. And for all of that, his name wouldn't mean much to most people if it weren't for the biscuit on which it is printed.

De 1676 à sa mort en 1716, Leibniz a servi plusieurs maîtres, mais toujours la même raison. Il régla le problème des finances, inventa le calcul infinitésimal et la première machine à calculer. Il défendit le prince-électeur Georges jusqu'à ce que celui-ci monte sur le trône anglais et écrivit son ouvrage «Théodicée», une justification de l'existence de Dieu face à la méchanceté dans le monde. Et pourtant, son nom serait à peine connu si ce n'était pas également celui d'une marque populaire de biscuits!

Am Wasser gab es einen Markt, und „am Wasser" hieß auf Sächsisch „Kille". Daraus wurde „Celle", die Stadt an der Aller. Hier saßen die Fürsten der Lüneburger Heide, und seit etwa 1700 saßen sie feudal im Schloß, das heute noch die Stadt beherrscht. Reich war einst auch Braunschweig, das mit Heinrich dem Löwen für immer verbunden ist. Als die Herzöge dann ihre Residenz nach Wolfenbüttel verlegten, blühte auch in Braunschweig bürgerliches Selbstbewußtsein auf. Der Altstadtmarkt mit der Martinikirche hat seit jenen Tagen als Ensemble überdauert.

In Saxon times, there used to be a market here beside the river Aller, and the town's present name. Celle, derives from the Saxon "Kille", meaning "at the waterside". Celle became the residence of the Dukes of the Lüneburger Heide, whose mainly seventeenth century palace still lies at the heart of the town. To the southwest, Braunschweig (Brunswick) managed to break away from its feudal rulers for two and a half centuries to become one of the powerful towns of the Hanseatic League.

La ville sur l'Aller doit son nom au vieux mot saxon «Kille» qui signifiait «sur l'eau». Du 14ème au 18ème siècle, Celle fut la résidence des ducs de la Lande de Lunebourg dont le château domine toujours la ville. Henri le Lion éleva Brunswick au rang de ville. Après que les ducs eurent transféré leur résidence à Wolfenbuttel, Brunswick connut son âge d'or quand elle entra dans la ligue hanséatique. Le Vieux Marché et la Martinikirche datent de cette époque.

„Endstation Sehnsucht" oder ein Kunstwerk als Gefängnistor. Fast drei Jahrzehnte lang stand das von Langhans geschaffene Brandenburger Tor, das Wahrzeichen Berlins, symbolisch für die Teilung des deutschen Vaterlandes. Am 9. November 1989 bekam die Mauer Risse, und nach 28 Jahren fiel der Eiserne Vorhang. Berliner aus beiden Teilen der Stadt und Menschen aus der damaligen DDR lagen sich in jener denkwürdigen Nacht unter Schadows Quadriga in den Armen und feierten mit Freudentränen in den Augen ein Fest der Freiheit.

"To travel hopefully is better than to arrive" (R.L.Stephenson). For 3 decades those who approached Berlin's most famous landmark, the 200-year old Brandenburg Gate, were confronted by the symbol of the tragic division of Germany into East and West. The beginning of the end for the Iron Curtain came on November 9th, 1989, when the first breaches were made in the Berlin Wall. In that amazing night, Berliners from a hitherto divided city met, embraced, rejoiced and wept tears of joy in the shadow of the Chariot of Victory to celebrate their new-found freedom.

«Un tramway nommé Désir» (Tenessee Williams), un arc de triomphe comme porte de prison. Durant près de trente ans, la Porte de Brandebourg, érigée en 1798 par Langhans, fut le symbole de la séparation de l'Allemagne. Le Mur se fissurait le 9 novembre 1989 et le Rideau de Fer tombait après 28 années d'existence. En cette nuit mémorable, les habitants des deux Berlins et une foule de gens venus des deux Allemagnes s'étreignaient sous le quadrige de Schadows qui couronne l'édifice et célébraient la fête de la Liberté en pleurant de joie.

1920 ist Berlin entstanden, wie man es heute noch als Hauptstadt im Gedächtnis hat: zusammengelegt aus acht Städten, 59 Landesgemeinden und 27 Gutsbezirken. Noch heute gibt es 55 Dorfkirchen in der 3,4-Millionenstadt. Berliner Nachtschwärmer finden reichlich Gelegenheit, sich in den Amüsierbetrieb zu stürzen. Die eleganten Nightclubs am Ku'damm bieten ebensoviel Unterhaltung wie der Friedrichstadtpalast als Varietétheater. Wer's lieber klassisch mag, der kommt in der Philharmonie oder im rekonstruierten Schauspielhaus voll auf seine Kosten.

Foreigners are often surprised to learn that Germany had no capital city until 1871, when the honour was conferred on the Prussian capital of Berlin. The metropolis we know today was created in 1920 by amalgamating eight towns, fifty-nine rural parishes and twenty-seven landed estates. Berlin, with a population of about 3,4 million, is famous for its spectacular nightlife and offers a wide range of entertainment from elegant night clubs to variety theatre. Those with classical tastes are well provided for in the new Philharmonie concert hall and the reconstructed Berlin Theatre.

En 1920, Berlin était créée comme elle est restée dans les souvenirs: une réunion de huit villes, 59 communes et 27 domaines. Aujourd'hui encore, la ville de 3,4 millions d'habitants renferme 55 églises paroissiales. Berlin a une vie nocturne très animée. Les noctambules vont s'amuser dans les élégants nightclubs du Kudamm ou au théâtre de variétés Friedrichstadtpalast. La Philharmonie (salle de concert) et le Schauspielhaus restauré (théâtre) offrent des divertissements plus spirituels.

Die Geschichte der Stadt begann mit zwei Dörfern im märkischen Sand: Cölln und Berlin. Groß wurde die Stadt dann unter dem Adler der Preußen. Die Kurfürsten erhoben sie zur Residenz, sie öffneten die Grenzen den verfolgten Hugenotten, die durch ihren Einfallsreichtum einen wichtigen Beitrag zur Aufwärtsentwicklung Berlins leisteten. Das schönste Denkmal aus der Preußenzeit ist immer noch das Schloß der Königin Charlotte nach dem Vorbild Versailles.

The history of Berlin began with two villages, Berlin and Cölln, set in the sandy soil of Mark Brandenburg. Berlin rose to power under the aegis of the Prussian eagle, for the Electors made it their residence and allowed entry to those industrious Huguenots who contributed so greatly to the city's development. The finest monument of the Prussian era is surely Charlottenburg, built for Queen Charlotte in the 18th century and modelled on Versailles. Charlottenburg now houses a superb Museum of Early and Prehistory. Palace and grounds are both open to the public.

L'histoire de la ville commence avec deux villages dans les Marches: Cölln et Berlin. Berlin prit ensuite de l'ampleur sous l'aigle de la Prusse. Les princes-électeurs en firent leur résidence. Ils ouvrirent les frontières aux Huguenots chassés de France qui contribuèrent largement au développement de la cité. Le château de la reine Charlotte, construit sur le modèle de Versailles, reste le plus beau monument de l'époque prussienne.

Im letzten Krieg ging Preußen unter und die Ruine der Kaiser-Wilhelm-Gedächtniskirche auf dem Kurfürstendamm steht nunmehr als Mahnmal für den Frieden. Der Kurfürstendamm mit Gedächtniskirche und Europa-Center, von den Berlinern nur kurz Ku'damm genannt, gilt heute als Zentrum West-Berlins. Dieser große Boulevard ist auch ein Anziehungspunkt für Touristen. Außer Straßencafés und Geschäften findet man hier eine Fülle von Restaurants, Kinos, Theatern und Nachtlokalen. Die Namen der großen Parade-Alleen verraten den Gang der Geschichte.

The last war saw the downfall of Prussia and since then the ruins of the Kaiser-Wilhelm Commemorative Church have stood on the Kurfürstendamm as a memorial to peace. The Kurfürstendamm, known to the residents simply as the "Ku-damm", with the Kaiser-Wilhelm church and the Europa Center, lies at the heart of the former West Berlin. This great boulevard is also a tourist attraction, with pavement cafés, shops, numerous restaurants, cinemas, theatres and nightclubs. The names of Berlin's fine boulevards record famous people and events in the city's history.

Sur le Kurfürstendamm, la ruine de la Kaiser-Wilhelm-Gedächtniskirche (église commémorative de l'empereur Guillaume I.), détruite durant la dernière guerre, est aujourd'hui un monument dédié à la paix dans le monde. Le Kurfürstendamm, appelé familièrement „Kudamm" et sur lequel se dresse l'Europa-Center, constitue le centre de l'ancien Berlin-Ouest. Avec ses cafés à terrasses, ses restaurants, ses cinémas et ses magasins, ses théâtres et ses boîtes de nuit, ce vaste boulevard animé est une attraction pour les touristes.

Das Lufbild zeigt das Brandenburger Tor, den Reichstag und den Spreebogen, wo in dem davor liegenden freien Gelände jetzt das neue Regierungsviertel des wiedervereinigten Deutschlands um das Jahr 2000 fertigestellt werden soll. Eine Wiederentdeckung des historischen Berlins ist ein Bummel Unter den Linden. Im Bild das Denkmal Friedrichs des Großen und dahinter die Humboldt-Universität, die Neue Wache und der Dom.

This aerial view shows the Brandenburg Gate, the Reichstag and the curve of the river Spree. In the area in front, the new government quarter of a reunified Germany is due for completion in the year 2000.
A stroll along Unter den Linden means a rediscovery of historic Berlin. Here you see the memorial of Frederic the Great with Humboldt University, Neue Wache and cathedral behind.

La vue aérienne motre la Porte de Brandenbourg, le Reichstag et le Coude de la Spree où, sur la terrain au premier plan, est construit actuellement le nouveau guartior goùvernemtal qui doit être terminé vers l'an 2000. Une promenade dans l'avenue Unter den Linden fera redécouvrir le Berlin historique. Sur la photographie, le monument de Frédéric le Grand se dresse devant l'université de Humboldt, l'Alte Wache (ancienne garnison) et la cathédrale.

Der Neptunbrunnen war (1888) ein Geschenk der Stadt Berlin an Kaiser Wilhelm II. Er wurde 1891 auf dem Schloßplatz, gegenüber der Einmündung der Breiten Straße aufgestellt. Nach 1945 ist der Brunnen, der während der Kriegszeit eine Schutzummauerung erhalten hatte, abgebaut worden. Die einzelnen Teile wurden bis 1969 magaziniert. In der Mitte des von Reinhold Begas geschaffenen Brunnens sitzt Neptun in einer großen Muschelschale. Am Beckenrand symbolisieren weibliche Figuren die Flüsse Rhein, Elbe, Weichsel und Oder. Das Rathaus im Hintergrund ist seit dem 1. Oktober 1991 Sitz des Berliner Senates.

The Neptune Fountain was the city's present to Emperor Wilhelm II (1888). It was erected in 1891 opposite the junction of Schloßplatz and Breite Straße. During World War II it was bricked in. After 1945, it was dismantled and put into storage until its reassembly in 1969 near the church Marienkirche. Designed by Reinhold Begas, it depicts Neptune sitting in a great shell in the centre of the fountain. On the edge of the basin female figures symbolise the rivers Rhine, Elbe, Weichsel and Oder. The city hall in the background has been the seat of the Berlin Senate since October 1,1991.

La fontaine de Neptune (1888), oeuvre de Reinhold Begas, est un cadeau de la ville de Berlin à l'empereur Guillaume II. Elle se dressa d'abord sur la place du château, en face du débouché de la Breitenstrasse. Protégée par un mur pendant la guerre, elle fut démantelée après 1945 et reconstruite près de l'église Ste Marie en 1969. Neptune trône dans un grand coquillage au centre de l'oeuvre d'art. Les statues de femmes qui décorent les bords du bassin symbolisent les grands fleuves européens, le Rhin, l'Elbe, l'Oder et la Vistule. L'hôtel de ville à l'arrière-plan est le siège du Sénat de Berlin depuis 1991.

Potsdam - lange Zeit Residenz- und Garnisonsstadt vor den Toren Berlins. Unter Preußenkönig Friedrich Wilhelm I., in die Geschichte als Soldatenkönig eingegangen, setzte die planmäßige Erweiterung der Altstadt und der Ausbau der Neustadt ein. Sein Sohn, Friedrich der Große, machte Potsdam zu einem kulturellen und künstlerischen Mittelpunkt. Es entstanden zahlreiche repräsentative Bauten und Dutzende von gediegenen Bürgerhäusern.

From the 18th century onwards the town of Potsdam, south-west of Berlin, was the chosen residence of the Prussian kings. In Potsdam too were the garrisons of the formidable Prussian army. Frederick I left Potsdam a legacy of notable buildings and his work was continued by his son Frederick William I, the Soldier King. The culmination of their plans came under Frederick I's grandson, Frederick the Great, who made Potsdam a cultural and artistic centre to rival other European capitals. Many of Potsdam's finest buildings and well-proportioned houses date from his reign.

Potsdam fut longtemps une ville de résidence et de garnison aux portes de Berlin. L'agrandissement de la Vieille Ville et la construction des nouveaux quartiers commencèrent durant le règne de Frédéric-Guillaume Ier qui entra dans l'histoire sous le nom du Roi Sergent. Son fils, Frédéric II dit le Grand fit de Potsdam un centre artistique et culturel. La ville s'enrichit alors de nombreux édifices splendides et de douzaines d'élégantes maisons patriciennes.

Ein „Traum auf märkischem Sand" wurde einmal Schloß Sanssouci genannt, in dem Friedrich der Große als Philosoph, Flötenspieler, Dichter und Staatsmann „sans souci" (ohne Sorgen) leben wollte. Eigenhändig hatte der berühmteste Preußenkönig eine Skizze für den eingeschossigen Rokokobau mit der auffallenden Kuppe angefertigt. Die endgültige Zeichnung lieferte dann der Freund aus der Kronprinzenzeit, Baumeister Georg Wenzeslaus von Knobelsdorff.

In 1747 Frederick the Great moved into his new Rococo palace of Sans Souci, which had been built to his own design. Both the elegant exterior and the opulently furnished interior owed much to Gallic influence, for the king was a great admirer of French culture. Frederick endowed Sans Souci with a collection of superb paintings, sculptures and porcelain, an impressive library of foreign literature and the most exquisite of music rooms, for he was not only a outstanding soldier and statesman but also a philosopher, poet and highly accomplished flautist.

«Un rêve sur le sable de la Marche» fut le nom romantique donné au château Sanssouci où Frédéric le Grand, philosophe, flûtiste, poète et homme d'Etat voulait vivre «sans soucis». Le plus célèbre des rois de Prusse dessina lui-même une esquisse de l'édifice baroque de plain-pied dominé par une vaste coupole. Le maître d'œuvre Georg Wenzeslaus de Knobelsdorff, ami du roi alors qu'il était encore prince héritier, dressa les plans définitifs.

Die einstige Grenzfeste „Brennabor" diente den deutschen Rittern als Wehranlage gegen die Slawen. Auf vierzehn Havelinseln entstand in friedlicheren Zeiten die Stadt Brandenburg. Die Sankt Katherinenkirche mit ihrer dreischiffigen Hallenkirche gilt als ein Meisterwerk der norddeutschen Backsteingotik. Im Archiv des Domes Sankt Peter und Paul werden kostbare mittelalterliche Handschriften aufbewahrt. Die 5,30 m hohe Rolandsfigur am Altstädtischen Rathaus beweist, daß in den Mauern der Stadt die Blutgerichtsbarkeit ausgeübt wurde.

Over 1000 years ago the Teutonic knights used "Brennabor", the border fortress of Brandenburg, in battles against the Slavs. The town was founded in more peaceful times, on fourteen islands in the River Havel. Of interest: St Katherine's Church, a masterpiece of North German Gothic, the ancient cathedral of St Peter and St Paul, whose archives contain precious medieval manuscripts, and the Town Hall's vast statue of the mythical knight Roland. Figures of Roland are not uncommon in this area; some say he is a symbol of the bloody justice that prevailed in former times.

L'ancien château-fort «Brennabor» bâti sur la frontière, défendait les chevaliers allemands contre les Slaves. La ville de Brandebourg fut créée sur 14 îles de la Havel en des temps plus paisibles. L'église à trois nefs Sainte-Catherine est un chef-d'oeuvre en briques du gothique de l'Allemagne du Nord. Les archives de la cathédrale Saint-Pierre-et-Paul renferment de précieux manuscrits médiévaux. La statue de Roland haute de 5,30 mètres qui se dresse près de l'ancien l'Hôtel de Ville serait un symbole de la justice sanglante qu'on exerçait jadis.

Wie ein Venedig inmitten der Natur, so mutet der Spreewald an, der zu den eigentümlichsten Landschaften Deutschlands gehört. Ähnlich wie der Canale Grande, so durchziehen in der Umgebung von Spremberg die zahlreichen Nebenarme der Spree Wälder und Felder und verbinden Dörfer und einzelne Gehöfte miteinander. Das Boot ist als Verkehrsmittel unentbehrlich. Traditionelles Brauchtum und Volkskunst der Sorben haben sich bis heute erhalten. An romantische Zeiten erinnern die einstöckigen Blockhäuser mit den schilfgedeckten Satteldächern.

Here we have one of the most remarkable landscapes in Germany - the forest of Spreewald, best likened to a woodland version of Venice. Just as the Grand Canal is the main artery of Venice, so the River Spree near Spremberg divides into a number of courses which flow through woods and fields, linking up villages and outlying farmsteads. And, as in Venice, the boat is an indispensable form of transport. The Wendish people have retained their customs and traditions till this day; the photo shows a characteristic thatched log cabin with a saddle roof.

Le Spreewald, un des paysages les plus singuliers d'Allemagne, ressemble à une Venise au milieu de la nature. Dans les environs de Spremberg, les nombreux bras de la Spree, tel le Canale Grande, traversent des bois et des champs, relient des villages et des fermes isolées. Le bateau est un moyen de transport indispensable. Les coutumes et l'art populaire traditionnels des Sorbes sont restés vivants jusqu'à nos jours. Les maisons basses aux toits recouverts de roseaux rappellent des temps romantiques.

Cottbus erinnert als moderne Industriestadt durch die unmittelbare Nähe des Braunkohlenreviers an den Kohlenpott. Ähnlich den Städten im Ruhrgebiet, ist der Stadtkern modern saniert, wobei sich die Spremberger Straße als Einkaufs-Fußgängerzone allgemeiner Beliebtheit erfreut. Reizvolle und verträumte Naherholungsgebiete wie der von Fürst Pückler-Muskau gestaltete Landschaftspark Branitz bieten der Industriestadt Erholung und Idylle.

Cottbus, on the edge of lignite-mining country, is a modern industrial town not unlike those of the Ruhr. The heart of the town is rredeveloped like the towns in the area of the Ruhr. The Spremberger is a very popular shopping arcade. Luckily Cottbus has some convenient recreation areas which afford a breath of fresh air for the townspeople, one such being the charming Branitz Park, laid out by Count Pückler-Muskau.

Cottbus, ville industrielle moderne située tout près de la région du lignite, rappelle une cité du bassin de la Ruhr. Le centre de la ville, agréablement aménagé, ressemble beaucoup aux villes de la région de la Ruhr. Les zones piétonnes comme la Spremberger Straße sont très populaires. Pour respirer l'air pur, on peut se rendre dans de charmants coins paisibles comme le parc Branitz construit par le prince Pückler-Muskau.

So lustig wie in Heinrich von Kleists Komödie „Der zerbrochene Krug" mag es in der Oderstadt nicht mehr zugehen. Aber Scherben bringen Glück, sagen sich die Nachfahren des Dichters. Schauen sie auch heute noch neidvoll auf den Namensvetter am Main, so sichern die verkehrsgünstige Lage der Stadt sowie der Oderhafen in Zukunft einen hervorragenden Standort als Umschlagspunkt im Osthandel und schaffen damit neue Arbeitsplätze. Schließlich war die Oderstadt schon einmal ein wichtiger Knotenpunkt des Fernhandels und ein kulturelles Zentrum.

Frankfurt on the Oder is the birthplace of the poet Heinrich von Kleist (1777-1811). The city may look enviously over at its affluent namesake on the River Main but Frankfurt on the Oder has its own not insignificant history. Its cathedral and old town hall are imposing examples of the brick Gothic style typical of this region. In the Middle Ages it was a member of the Hansa, standing on the trade route from Paris to Moscow. Now with its excellent geographical position near the border crossing to Poland, it is expected to re-establish itself as a leading commercial centre.

L'atmosphère de la ville sur l'Oder n'est plus aussi joviale que celle décrite par Heinrich von Kleist dans sa comédie «La cruche brisée». Mais les débris portent bonheur… du moins c'est ce que croient les ancêtres du poète. Ils coulent encore des regards envieux vers la ville du même nom située sur le Main. Mais demain, leur Francfort sera aussi une plaque-tournante du commerce de l'Est, prospère grâce à son excellente situation et à son port sur l'Oder. Après tout, Francfort sur l'Oder était aussi autrefois un nœud de communication important et un grand centre culturel.

Neubrandenburg fiel 1292 als Mitgift in den Besitz der Herzöge von Mecklenburg, die die Stadt wehrhaft befestigten. Das nützte jedoch wenig. Selbst das doppeltorige Stargarder Tor aus dem 14./15. Jahrhundert, das zu den schönsten Profanbauten im Norden Deutschlands gehört, konnte nicht verhindern, daß im Dreißigjährigen Krieg die Kaiserlichen unter Tilly die Stadt am Tollensee 1631 verwüsteten. Mehrmals brannte sie sogar ab. Ein Kuriosum stellt die 2300 m lange Stadtmauer dar, in die Wohnhäuser, die sogenannten „Wiekhäuser", eingelassen sind.

In 1292 Neubrandenburg fell to the Dukes of Mecklenburg through marriage and it was they who erected sturdy defences against potential attackers. Every 30 metres a house was built into the walls and some of these have survived to this day. Sadly, it was all in vain, for the town suffered wave after wave of invasions over the centuries, one of the most brutal being in the 30 Years' War when Imperial troops drove out the Swedes with appalling loss of life. Even the double Stargarder gateway could not save the townspeople from successive wars, fires and famines.

En 1292, Neubrandenburg sur le lac de Tollensee était donnée en dot aux ducs de Mecklembourg qui entreprirent de fortifier la ville. Mais les enceintes ne servirent pas à grandchose. Même la double porte appelée Stargarder Tor n'empêcha pas Tilly et ses troupes impériales de dévaster la ville en 1631. La porte datant des 13e/14e siècles, un des plus beaux monuments profanes de l'Allemagne du Nord, fut plusieurs fois incendiée. Intéressants sont les remparts longs de 2300 mètres qui abritent des maisonnettes.

Einer alten Sage nach soll vor den welligen An-höhen der Insel Usedom die reiche slawische Stadt Vineta in den Tiefen der Ostsee ruhen. Vielleicht war deshalb das Eiland mit seiner wechselvollen Geschichte ein Zankapfel zwischen Deutschen und Slawen, Schweden und Preußen, in deren Besitz es sich wechselseitig befand. Aus ihrem Schattendasein trat die Insel, deren Südostzipfel heute zu Polen gehört, als um 1890 der Bäderbetrieb aufgenommen wurde. Seitdem erholen sich jährlich Zehntausende in den Seebädern Heringsdorf und Zinnowitz.

Below the waves off the coast of Usedom, or so goes the legend, lies the sunken city of Vineta, once a rich Slavic community. If the story is true it could be one explanation for this hilly island's chequered and turbulent history. It was a constant bone of contention between Germans, Slavs, Swedes and Prussians and changed hands frequently over the centuries. Usedom, whose south-east corner is actually in Poland, emerged from its obscurity in 1890 to become a holiday resort, and since then bathers have flocked in thousands to the beaches of Heringsdorf and Zinnowitz.

Selon une légende, la riche ville slave de Vineta reposerait dans les fonds de la mer Baltique devant les collines ondulées de l'île Usedom. C'est peut-être pour cette raison que les Allemands, les Slaves, les Suédois et les Prussiens qui l'occupèrent tour à tour se disputèrent longtemps l'île à l'histoire agitée. Usedom dont la pointe sud appartient aujourd'hui à la Pologne, sortit de son anonymat quand elle devint un lieu de villégiature en 1890. Depuis, des dizaines de milliers de vacanciers viennent chaque année se reposer dans les stations estivales de Heringsdorf et de Zinnowitz.

Die Insel Rügen hat viele Sandstrände und ist ein Urlaubsparadies an der Ostsee. Sie verfügt neben Binz, Sellin und Göhren über eine ganze Reihe Strandbäder. Schroff und bizarr erheben sich dagegen die Kreidefelsen um Stubbenkammer, allen voran der Königsstuhl, aus dem Meer. Stralsund am Strelasund scheint über Jahrhunderte hinweg im Dornröschenschlaf versunken zu sein, so getreu wurde das historische Stadtbild bewahrt, zu deren Wahrzeichen die Nikolai- und Marienkirche gehören.

The shores of the Isle of Rügen abound with ideal beaches for tourists, sandy but not stony - Binz, Sellin, Göhren and many others. In complete contrast, the coast near Stubbenkammer, to the nort-east of the island, plunges precipitously into the Baltic, creating strange rock formations, the most striking of all being the Königsstuhl, or throne. - Stralsund, an ancient port on the sound between Rügen and the mainland, has scarcely changed over the centuries. The churches of St Nikolai and St Maria are just two of its outstanding historical buildings.

Les touristes préfèrent passer leurs vacances sur du sable plutôt que sur des pierres. Ils sont comblés à Rügen qui possède de magnifiques plages de sable telles celles de Binz, de Sellin et de Göhren. En contraste, des rochers de calcaire aux formes bizarres s'élèvent au-dessus de la mer près de Stubbenkammer. Le plus connu est le Königstuhl. La ville de Stralsund près du Strelasund a si bien conservé sa physionomie historique qu'elle paraît dormir d'un sommeil profond depuis des siècles. Deux de ses édifices les plus réputés sont les églises Saint-Nicolas et Notre-Dame.

Als Herzog Friedrich Franz I. von Mecklenburg-Schwerin 1793 Heiligendamm als Seebad für seine nahgelegene Sommerfrische Doberan entdeckte, bekam der Baumeister C. Th. Severin den Auftrag einen eleganten Rahmen für ein Ostseebad zu schaffen. Er verwandelte das Fischerdorf in eine weiße Stadt am Meer. Im Herbst, wenn die Stürme die Ostsee peitschen, ist der Strand von Arenshoop fast menschenleer. Im Sommer tummeln sich Tausende Badelustige in den Meereswogen, laden nun die windzerklüfteten Wälder des Darß zu Spaziergängen ein.

When in 1793 Duke Friedrich Franz I of Mecklenburg-Schwerin adopted the village of Heiligendamm as a bathing-place near his summer residence of Doberan, he commissioned the architect C. Th. Severin to produce befitting surroundings for his new resort on the Baltic. Severin converted the former fishing village into a coastal town of white buildings. In summer Ahrenshoop is packed with holidaymakers. When the autumn storms arrive the sea pounds an almost deserted beach and the windswept wood of the Darss prove more inviting to walkers.

Lorsqu'en 1793, le duc Frédéric-François I de Mecklembourg qui résidait à Doberan prit Heiligendamm comme lieu de baignade, il demanda à l'architecte C.Th. Severin de transformer le village de pêcheurs en une station balnéaire élégante. Severin créa une ville blanche au bord de la mer. En automne, le rivage d'Arenshoop est presque désert. En été, lorsque les rangées de fauteuils-cabines en osier s'alignent sur les plages et que des milliers s'ébattent dans les vagues, on peut aller chercher la solitude dans les forêts déchiquetées par les vents du Darß.

Zwar kann man von dem 37 Meter hohen Leuchtturm am „Teepott" von Warnemünde nicht bis nach Skandinavien oder Dänemark schauen, aber bis nach Rostock oder zumindest die Strandpromenade entlang bis zur Westmole reicht der Blick von hier oben. Gegebenenfalls erspäht man auch einige Nackedeis, die den steinfreien FKK-Strand zum Sonnenbaden nutzen. An den 3 Kilometer langen Sandstränden nahe der Mündung der Warnow tummeln sich schon seit dem Beginn des 19. Jahrhunderts Badegäste. Mit Sicherheit war das Badepublikum damals zugeknöpfter.

From the 37-metre high lighthouse of Warnemünde you can either look south to the distant towers of Rostock or turn and stare out to sea where the Warnemünde ferries chug northwards across the Baltic to Denmark. Or alternatively you can direct your gaze to the mouth of the River Warnow which gives Warnemünde its name and try to spot the nudist sunbathers on the nearby sands. This beach, 3 kilometres long, has been a popular place for bathers since the early 19th century, though in those days visitors were certainly more reticent about flaunting their goose-pimples.

Si l'on ne peut apercevoir les côtes du Danemark depuis le sommet du phare de Warnemünde haut de 37 mètres, une belle vue s'offre sur la promenade en bord de mer, sur le môle ouest et sur les lignes de Rostock dans le lointain. Quand le soleil brille, on peut aussi découvrir des adeptes du nudisme sur les plages de sable qui leur sont réservées. Dès le début du 19e siècle, les estivants fréquentaient le rivage de sable long de trois kilomètres situé à l'embouchure de la Warnow. A cette époque, les baigneurs exposaient certainement moins de peau que de nos jours.

Um 1850 stellte Rostock mit 250 Segelschiffen die größte Ostseeflotte. Heute ist dieser Ruhm längst verblaßt. Zwar ist der Hafen noch immer ein Tor zur Welt, aber der Güterumschlag stagniert seit den politischen und wirtschaftlichen Veränderungen in unserem Vaterland und ist sogar zurückgegangen. Vielleicht besinnen sich geschäftstüchtige Rostocker Kaufleute wieder auf alte hanseatische Tugenden, denn zur Zeit der Hanse gehörte die Stadt zusammen mit Lübeck zu den mächtigsten und einflußreichsten an der Ostsee.

In 1850 the fleet of Rostock was the largest in the Baltic, with 250 ships to its name. Nowadays Rostock's standing has faded considerably. The harbour is still an important outlet but the amount of goods passing through has stagnated, even dwindled, as a result of the recent political and economic upheavals in Germany. Perhaps businessmen will now hark back to the qualities traditionally ascribed to Rostock, for in the Middle Ages this Baltic town, along with Lübeck, was one of the mightiest and most influential members of the powerful trading league of the Hansa.

Vers 1850, les 250 voiliers de Rostock formaient la plus grande flotte de la mer Baltique. Cette gloire s'est ternie aujourd'hui. Le port est certes toujours une porte sur le monde, mais le transbordement des marchandises est devenu stagnant et a même diminué depuis les changements politiques et économiques dans le pays. Les commerçants énergiques de Rostock se rappelleront peut-être les bonnes vieilles vertus hanséatiques et redoreront le blason de la ville qui avec Lübeck était une des cités les plus puissantes de la Hanse.

Der Turm der Nikolaikirche, deren Kirchenschiff das dritthöchste in Deutschland ist, hat schon viel gesehen. Zur Zeit der Hanse gehörte Wismar zusammen mit Lübeck und Rostock zum Wendischen Kontor. Nach dem Dreißigjährigen Krieg fiel die Hafenstadt an die Schweden. Den Nordländern wurde der Unterhalt zu teuer, so daß sie Wismar 1803 an Mecklenburg verpfändeten. Hundert Jahre später verzichteten die Skandinavier auf die Einlösung des Pfandes. Heute machen wieder Schiffe im Alten Hafen fest, die Urlauber in alle Ostseeländer befördern.

Wismar has always been a major centre of commerce and the tower of the Gothic Nikolaikirche, with the third highest nave in Germany, has witnessed some stirring events over the centuries. In 1259, spurred on by the fight against piracy, Wismar allied itself with the powerful cities of Rostock and Lübeck, which resulted in an "inner circle" of the Hanseatic League. In 1648 Wismar fell to Sweden but the upkeep proved too expensive and in 1803 the Swedes pawned Wismar to Mecklenburg. Baltic ferries still dock at the picturesque Old Harbour (photo).

Le clocher de l'église Saint-Nicolas dont la nef est une des plus hautes d'Allemagne (la troisième) a déjà vu beaucoup d'histoire. A l'époque de la Hanse, Wismar faisait partie du Wendischen Kontor avec Lübeck et Rostock. Le port tomba aux mains des Suédois après la guerre de trente ans. Les Scandinaves, trouvant l'entretien de la ville trop onéreux, la donnèrent en gage au Mecklembourg en 1803. Ils renonçaient à recevoir le gage cent ans plus tard. De nos jours, des bateaux transportant des passagers dans tous les pays scandinaves accostent de nouveau dans le Vieux Port.

Nicht ganz geheuer soll es im Schloß der mecklenburgischen Landeshauptstadt zugehen, das ebensoviel Türme hat, wie das Jahr Tage. Es verwundert daher kaum, wenn einst der regierende Herzog von dem Schloßgeist, dem Petermännchen, die Leviten gelesen bekam. Für ähnlich spektakuläre Auftritte sorgte in den achtziger Jahren das Mecklenburgische Staatstheater mit seinen Klassiker-Inszenierungen. Im Staatlichen Museum vis-à-vis am Ufer des Schweringer Sees werden Bilder flämischer Meister und kostbare Meißener Porzellane ausgestellt.

Schwerin, capital of the state of Mecklenburg, was for centuries the home of the Mecklenburg dukes, who were related to most of the royal families of Europe. There is reckoned to be something uncanny about their palace, which stands in solitary splendour on an island in Schwerin. Not only does it have as many towers as days in the year but also boasts an ancestral ghost, the Peetermännchen. Schloss Schwerin is modelled on Château Chambord on the Loire. Facing it across the water is the State Museum, with a superb collection of Flemish painting and Meissen porcelain.

Le château de Schwerin, chef-lieu du Mecklembourg, a autant de tours que l'année a de jours et serait hanté. Le fantôme appelé Petermännchen, aurait même une fois admonesté le duc régnant. Dans les années 80, le théâtre régional du Mecklembourg faisait aussi parler de lui avec ses mises en scène spectaculaires d'œuvres classiques. Le musée régional qui se dresse en face du château sur les bords du lac de Schwerin, renferme des tableaux des maîtres flamands et une précieuses collection de porcelaine de Meissen.

Im Streit um die Landeshauptstadt von Sachsen-Anhalt konnten die Magdeburger wichtige Argumente anführen: ihre im Jahre 805 erstmals urkundlich erwähnte Stadt zählt zu den ältesten Deutschlands; bereits Kaiser Otto der Große (936-973) erwählte die Pfalz an der Elbe zu seiner Hauptresidenz. In dieser Zeit begannen gefördert durch das Reichskirchensystem die Bauarbeiten zum Dom Sankt Mauritius und Katharina, der allerdings 1207 abbrannte. Die danach errichtete dreischiffige Basilika ist die älteste gotische Kathedrale Deutschlands.

When it came to disagreements about the capital of the new state of Sachsen-Anhalt, the people of Magdeburg had no lack of convincing arguments in their favour. Magdeburg was first mentioned in 805 and is one of the oldest towns in Germany. Emperor Otto the Great (936-973) chose the palace on the Elbe as his chief residence and it was during his reign that the foundations of the cathedral of St Mauritius and St Katharina were laid. The original building burnt down in 1207, but the three-naved basilica erected on the site is now the oldest Gothic cathedral in Germany.

Les Magdebourgeois apportèrent des arguments frappants quand il fut question de désigner la capitale de la Saxe-Anhalt: leur ville, mentionnée pour la première fois dans un écrit en 805, est une des plus anciennes d'Allemagne; l'empereur Otto le Grand (936-973) choisit la cité sur l'Elbe comme résidence principale. C'est à cette époque que commença la construction de la cathédrale Saint-Maurice et Sainte-Catherine qu'un incendie détruisit en 1207. La basilique à trois nefs érigée par la suite est la plus ancienne cathédrale gothique d'Allemagne.

Einst trafen sich in der Walpurgisnacht Hexen auf dem Brocken, der höchsten Erhebung des Harzes. In der Nähe des Zauberberges liegt Quedlinburg mit seinen beschaulichen Fachwerkhäusern und dem Schloßberg. Die Stadt Halberstadt am Harz, deren historischer Stadtkern mit den einmaligen Fachwerkhäusern im Bombenhagel des Zweiten Weltkrieges versank, ist nicht nur der delikaten Wurstwaren, sondern vor allem des Domschatzes von Sankt Stephanus wegen bekannt. Bei klarer Sicht sind die Türme des Domes und der Martinskirche sogar vom Brocken aus zu sehen.

The highest mountain in the Harz is the Brocken, traditionally the place where witches met on Walpurgis night. At the foot of the Brocken stands Quedlinburg with the Schloßberg, a town characterized by serenely beautiful half-timbering. - Halberstadt in the Harz mountains is famous for delicious sausage. The town was bombed in 1945, and the unique half-timbered houses and Town Hall in the historic town centre were destroyed for ever, though St Stephan's Cathedral, renowned for its treasure chamber, has been restored to its former glory.

Jadis, durant la nuit de Walpurgis, les sorcières se rencontraient sur le Broken, le plus haut massif du Harz. Quedlinburg s'étend au pied de la montagne enchantée. Le cœur historique de Halberstadt qui renfermait d'admirables maisons à pans de bois, fut détruit par les bombes pendant la seconde guerre mondiale. La ville n'est pas seulement réputée pour ses délicieuses spécialités de charcuterie, mais aussi pour le trésor de la cathédrale St. Stéphane. Par temps clair, on peut découvrir les tours de la cathédrale et de l'église St. Martin depuis le sommet du Brocken.

Mit dem Anschlag seiner 95 Thesen wider den Papst und dessen sündigen Ablaßhandel an das Tor der Schloßkirche zu Wittenberg leitete der „Ketzer" Martin Luther 1517 die Reformation ein. Wittenberg avancierte unter der Regierung von Kurfürst Friedrich dem Weisen zum geistigen Zentrum Deutschlands. Heute befindet sich die Wittenberger Universität, die den Namen des Reformators Martin Luther trägt, in Halle. Unterhalb des Roten Turmes und auf dem Hallmarkt neben der Marienkirche herrscht oft buntes Markttreiben wie zu Zeiten der mit Salz handelnden Halloren.

On an historic day in 1517, the "heretic" Martin Luther sparked off the momentous events of the Reformation. He nailed 95 theses to the door of a church in Wittenberg, launching a bitter attack on the Pope and the corrupt practice of selling indulgences. Unfortunately the original door no longer exists, but visitors still flock to Luther's house, the church where he preached and his grave in the rebuilt Schlosskirche. - Halle is closely connected with Handel, born here in 1685. His birthplace can still be seen and a statue of the great composer stands in the market-place.

Le 31 octobre 1517 «L'hérétique» Martin Luther faisait apposer une affiche sur la porte de la chapelle du château de Wittenberg annonçant qu'il discuterait 95 thèses contre le pape. C'était le début de la Réforme. Wittenberg devint le centre spirituel d'Allemagne sous le règne du prince-électeur Frédéric le Sage. L'université de Wittenberg qui porte le nom du réformateur se trouve aujourd'hui à Halle. Sur le Hallmarkt (marché) situé devant l'église Notre-Dame et la Tour rouge, règne la même animation qu'au temps où les habitants de Halle faisaient le commerce du sel.

Die Lindenwälder, die eine sorbische Siedlung zur Zeit der Völkerwanderung umsäumten, gaben Leipzig ihren Namen. Die eifrigen Sachsen, zu allen Zeiten clevere Geschäftsleute, bauten die Stadt an der Pleiße zu einem internationalen Handels- und Messeplatz aus. An der Unversität Leipzig studierten namhafte Philosophen und Dichter wie Leibniz, Klopstock, Lessing, Goethe und Jean Paul. Das Alte Rathaus der Messe- und Buchstadt gehört zu den schönsten Renaissancebauten Deutschlands.

The name Leipzig derives from the Latin name "urbs Libzi", town of lime trees. Leipzig lay at the crossroads of important trade routes and even in the Middle Ages was well known for its trade fairs. The Saxons, who have always had a good head for business, soon made this city on the River Pleisse into a leading centre of commerce and publishing. Leipzig University was founded in 1409 and counts among its students such famous names as Leibniz, Klopstock, Lessing and Goethe. The imposing Town Hall in the market place is one of Germany's finest Renaissance buildings.

Leipzig doit son nom aux bois de tilleuls qui entouraient une commune sorbe à l'époque des grandes invasions barbares. Les Saxons travailleurs, habiles commerçants depuis toujours, firent de la cité sur la Pleisse un centre économique important et une ville de foires internationales (foire du livre). Des poètes et philosophes réputés comme Leibniz, Kloppstock, Lessing, Goethe et Jean Paul étudièrent à l'université de Leipzig. L'ancien hôtel de ville est un des plus beaux édifices de style Renaissance du pays.

Das Neue Gewandhaus wurde 1981 eröffnet und steht seitdem wieder dem berühmten Leipziger Gewandhausorchester zur Verfügung, dessen Gründung auf das Jahr 1743 zurückgeht. Auch auf dem Gebiet der Musik hat Leipzig eine große Tradition, die sich mit Johann Sebastian Bach verbindet, der im 18. Jh. 27 Jahre lang Organist und Kantor an der Thomaskirche war, große Chor- und Orgelwerke schuf und den weltberühmten Thomaner-Knabenchor begründete. Hier wurde Richard Wagner geboren und Mendelssohn-Bartholdy, Schumann und Lortzing wirkten als Dirigenten und Komponisten.

The "Neue Gewandhaus" was reopend in 1981 and is now at the disposul of the Orchestra of Leipzig, which was founded in 1743. Music has a long tradition in Leipzig and Johann Sebastian Bach wrote many of his greatest works here. He died in Leipzig in 1750, having held the post of organist and choirmaster at the Thomaskirche for 27 years. Mendelssohn, Schumann and Lortzing all worked in Leipzig and Wagner and Clara Schumann were both natives of the city.

La «Neue Gewandhaus» fut reouvert en 1981 et est maintenant à la disposition de l'orchestre de Leipzig, qui fut fondé en 1743. La musique a toujours joué un grand rôle à Leipzig. Jean Sébastien Bach (1685-1750) fut durant 27 ans organiste et cantor de l'église Saint-Thomas. C'est là qu'il composa ses plus grandes oeuvres pour orgues et créa la célèbre chorale des jeunes garçons de Saint-Thomas. Mendelson-Bartholdy, Schumann, Lortzing et Wagner, qui y naquit, composèrent ou dirigèrent également à Leipzig.

Das unscheinbare Torgau war schon immer ein besonderer Schauplatz deutscher Geschichte: Aus einer Burg, die im 10. Jahrhundert die Elbfurt sicherte, entstand im 16. Jahrhundert mit Schloß Hartenfels ein unregelmäßiger Renaissancebau. Im Jahre 1530 verfaßten Luther und Melanchton hier die „Torgauer Artikel", die Grundlagen der „Augsburgischen Konfession". Napoleon ließ die Stadt 1810 zur Festung ausbauen. Am 25. 4. 1945 trafen hier an der Elbe amerikanische und sowjetische Truppen zusammen, dies beschleunigte das Ende des Zweiten Weltkrieges.

The unassuming town of Torgau has always been a showplace of German history. Torgau grew up around a 10th century castle, erected to defend a ford across the Elbe. In the 16th c. the castle was converted to the Renaissance palace of Hartenfels. Within its walls the first Protestant church was consecrated by Luther in 1544 and the first German opera was staged in 1627. In 1810 Napoleon extended the town's defences and on April 25th, 1945, invading American and Soviet troops met and shook hands near Torgau, thus hastening the end of the Second World War.

Torgau, ville en apparence insignifiante, a pourtant joué durant des siècles un rôle capital dans l'histoire allemande. Le château de Hartenfels, édifice de style Renaissance, fut construit à partir d'un fort qui protégeait un gué de l'Elbe au 10e siècle. C'est ici que Luther et l'humaniste Melanchthon rédigèrent «l'Article de Torgau», base de la «Confession d'Augsbourg». En 1810, Napoléon fit fortifier la ville. Le 25 april 1945, les troupes américaines et soviétiques se rencontraient près de Torgau. Le dénouement de la seconde guerre mondiale était proche.

Ein betrügerischer Goldmacher namens Johann Gottfried Böttger begründete den Weltruf der Blauen Schwerter, dem Symbol des Meißner Porzellans. Ein mißlungenes Experiment rettete seinen Kopf und verhalf August dem Starken durch das weiße Gold zu einer sprudelnden Geldquelle. Der geniale Herzog von Sachsen und König von Polen ließ 1710 auf der von Kurfürst Ernst und Herzog Albrecht 1471 erbauten Albrechtsburg, gleich neben dem von Kaiser Otto dem Großen angelegten Dom, die erste europäische Porzellanmanufaktur errichten.

Meissen porcelain is as delicate as its origins are strange. In the early 18th century a certain Johann Böttger, a dabbler in alchemy, proclaimed he had found the secret of making gold. The Prussians pursued him hot-foot around Saxony until he sought refuge with Augustus the Strong in Meissen. The Duke's idea of protection was to lock the unfortunate Böttger up until he discovered how to make porcelain. In 1709 Böttger finally produced the "white gold", Augustus became a rich man for life, and a year later Meissen became the home of Europe's first porcelain manufactory.

Un alchimiste marron du nom de Johann Gottfried Böttger établit involontairement la réputation mondiale du glaive bleu, le symbole de la porcelaine de Meissen. Une expérience ratée sauva sa tête et procura à son maître, Auguste le Fort, une immense source de revenus. En 1710, le génial duc de Saxe et roi de Pologne fondait la première manufacture de porcelaine d'Europe dans le château d'Albrecht construit par le prince-électeur Ernst et le duc Albrecht en 1471. Juste à côté, se dresse la cathédrale bâtie sous le règne de l'empereur Otton le Grand.

„Einen Garten Eden vor den Toren Dresdens", nannten Gäste des sächsischen Hofes bewundernd das Areal um Moritzburg. Die Landschaft mutet romantisch an wie eine Bühnendekoration aus dem Biedermeier. Die in die Jagd vernarrten Wettiner konnten in der Nähe des Jagdschlosses ungehindert ihrem Weidwerk nachgehen. Ebenso wie die Jagd versüßten Theater- und Opernaufführungen das Leben am Hof der Sachsen-Herzöge.

Admiring visitors to the hunting lodge and magnificent landscaped grounds of Moritzburg described it as a Garden of Eden at the gates of Dresden. The interior was luxuriously furnished and the Saxon dukes and their hunting companions could pursue game to their hearts' content in the extensive woods around the lodge, which is now a museum. A visit to the opera house of Dresden is a must.

«Un jardin d'Eden aux portes de Dresde», c'est ainsi que les invités à la cour de Saxe parlaient avec admiration des environs du château de Moritzburg. Le paysage romantique ressemble à un décor de scène de l'époque du Biedermeier. Les Wattiner passionnés de chasse, s'adonnaient sans contrainte à leur sport favori dans la campagne autour du château. Outre la chasse, le théâtre et la musique agrémentaient la vie à la cour des princes de Saxe.

Die barocke Katholische Hofkirche symbolisiert die wechselvolle sächsische Geschichte. Bereits August der Starke war zum Katholizismus konvertiert, damit er den polnischen Königsthron besteigen konnte. König August III. ließ sie nach Entwürfen Chiaveris bauen. Die größte und schönste Silbermann-Orgel überstand ebenso die Bombennacht vom 13. Februar 1945 wie die Permoser Kanzel und der Hochaltar mit Gemälden von Mengs. Die Semperoper, heute liebevoll nach den Entwürfen von Gottfried Semper rekonstruiert, bietet ein faszinierendes Klangerlebnis.

The court church was originally planned by Augustus the Strong, the charismatic Elector of Saxony who converted to Roman Catholicism so that he could claim the throne of Poland. Augustus died before the church was built and it was left to his successor to complete his work. By some miracle the organ, (the largest and most beautiful of all Silbermann organs), the Baroque pulpit and the High Altar managed to withstand the devastating bombardment of Dresden on February 13th, 1945. Designed by the architect Semper, the opera was completed in 1878, destroyed in 1945 and reopened in 1985.

L'église baroque Hofkirche symbolise l'histoire mouvementée de la Saxe. Auguste le Fort s'était converti au catholicisme pour obtenir le trône de Pologne. Son descendant, le roi Auguste III fit bâtir l'église d'après les plans de Chiaveri. Les orgues magnifiques de Silbermann, la chaire de Permoser et le maître-autel orné de tableaux dus à Mengs ne furent heureusement pas détruits par les bombes durant la nuit du 13 février 1945. L'opéra Semper, reconstruit d'après les plans de Gottfried Semper, possède une acoustique admirable.

Die Anlage des Zwingers, dem Wahrzeichen von Elbflorenz, entstand nach Entwürfen von August dem Starken, der westlich des Dresdner Schlosses im ehemaligen Zwingergarten eine Orangerie anlegen wollte. Unter seinem Baumeister Pöppelmann entstanden Kleinodien des deutschen höfischen Barock, wie im Südosten der Anlage der Glockenspielpavillon, der Wallpavillon, das Nymphenbad und das Kronentor mit Langgalerie. Diese Zeugnisse glanzvoller höfischer Architektur beherbergen heute bedeutende Kunstsammlungen, u.a. die berühmte Gemäldegalerie.

The 18th c. Zwinger, the famous landmark at the heart of Dresden's Old Town, was originally planned by Augustus the Strong as an orangery. Standing west of the palace near an old bastion (Zwinger) which gave the new building its name, the Zwinger, with its breathtaking architecture, is generally reckoned to mark the epitome of European secular Baroque. It was designed by the architect Pöppelmann and today houses a number of museums. The foremost collection must be the priceless works of art in the picture gallery designed by Semper, architect of Dresden Opera House.

Les bâtiments du Zwinger, le monument le plus connu de Dresde, furent bâtis d'après des plans d'Auguste le Fort, électeur de Saxe, qui désirait une orangerie dans l'ancien parc d'un bastion (Zwinger) situé à l'ouest du château de Dresde. Son maître d'œuvre Pöppelmann créa des joyaux du baroque allemand comme le Glockenspielpavillon (pavillon du carillon) le Wallpavillon (pavillon du rempart), le Nymphenbad et le Kronentor avec sa longue galerie (porte de la couronne). Ces admirables édifices baroques abritent aujourd'hui de précieuses collections d'art dont la célèbre galerie des peintures.

Das historische Dresden versank in der Bombennacht vom 13. zum 14. Februar 1945. Unwiederbringliche Bauten gingen verloren wie das Kurfürstliche Schloß, die Frauenkirche und die Bürgerhäuser der Prager Straße. Der Zwinger, die Katholische Hofkirche, die Kreuzkirche und die Semperoper sind mit Akribie und handwerklichem Geschick aus Schutt und Trümmern wiedererstanden. Architekten und Restauratoren setzen heute ihren ganzen Ehrgeiz daran, das zerstörte Schloß in seinem ursprünglichen Stil zu rekonstruieren.

On February 13th/14th 1945 much of the historic city of Dresden, once known as "Florence on the Elbe", vanished overnight in a ferocious bombing raid. Irreplaceable treasures were lost to posterity, including the Elector's palace, the Frauenkirche and the mansions along Pragerstrasse. From the pile of rubble that was Dresden, the Zwinger Place, the Hofkirche, the Kreuzkirche and the Opera House have all been restored with meticulous care and great skill. Now experts are doing their utmost to resurrect the shattered remains of the Elector's palace in the original style.

Les bombardements rasèrent le Dresde historique dans la nuit du 13 au 14 février 1945. Des édifices inestimables tels le palais princier, l'église des Femmes et les maisons patriciennes de la rue Prager étaient détruits à jamais. Le Zwinger, l'église Hofkirche, l'église de la Croix et l'opéra Semper furent admirablement reconstruits à partir des décombres. A l'heure actuelle, architectes et restaurateurs s'emploient à recréer le château détruit dans son style d'origine.

Seit 1945 leben Deutsche und Sorben, ein bis dahin selbständiger slawischer Volksstamm, ebenso einträchtig nebeneinander wie Katholiken und Protestanten. Im Dom Sankt Peter, der ebenso wie die Michaeliskirche und die Alte Wasserkunst (Turm der alten Wasserpumpstation) zu den Wahrzeichen der Stadt gehört, finden Gottesdienste beider Konfessionen statt. In dieser Simultankirche benutzen seit der Reformation die Protestanten das Langhaus, der Chor ist den katholischen Gläubigen vorbehalten.

Since 1945 the Germans and the Slavic Sorbs, or Wends, (probably the smallest ethnic group in Europe), have lived together in harmony in Bautzen. Their co-operation has been as exemplary as that of Bautzen's Protestants and Roman Catholics, who have shared the huge Gothic Cathedral of St Peter since the Reformation. Services of both denominations are held within St Peter's walls; Protestants worship in the nave, Roman Catholics in the chancel. Other sights in Bautzen include the church of St Michael and a water tower of 1588, the Alte Wasserkunst.

Depuis 1945, les Allemands et les Sorbes, une ancienne tribu slave indépendante, vivent en aussi bonne intelligence que les catholiques et les protestants. Des services religieux des deux confessions se déroulent dans la cathédrale Saint-Pierre, un des monuments les plus connus de Bautzen avec l'église Saint-Michel et l'«Alte Wasserkunst», un système de pompe qui alimentait autrefois la ville en eau. Dans la cathédrale où deux croyances se retrouvent depuis la Réforme, la grande nef est utilisée par les protestants tandis que le chœur est réservé aux catholiques.

Ein „Pensionopolis" für gut situierte Bürger war Görlitz dereinst, als die Stadt noch das Eingangstor nach Schlesien war. Das historische Stadtbild ist fast vollständig erhalten geblieben. So steht in der Brüderstraße das älteste Renaissancebürgerhaus Deutschlands. Wildromantisch erheben sich südlich von Dresden die bizarren, an den Grand Canyon erinnernden Felsen des Elbsandsteingebirges, das seiner Schönheit wegen auch Sächsische Schweiz genannt wird und zum Naturschutzgebiet erklärt wurde.

Görlitz, once the gateway to Silesia, used to be a classic place for the well-to-do to retire. The centre of Görlitz has scarcely changed over the centuries; the fine Town Hall dates from the 14th century and Brüderstrasse boasts the oldest Renaissance burgher's house in Germany. - Near the Czechoslovakian border, south-west of Dresden, can be found the fantastic scenery of the Elbsandsteingebirge, or Elbe sandstone hills, whose bizarre formations are reminiscent of the Grand Canyon in Arizona. This area, known as the Switzerland of Saxony, is now a nature reserve.

Autrefois, les bourgeois aisés venaient finir leurs jours à Görlitz qui était la porte de la Silésie. La jolie cité a presque entièrement conservé sa physionomie historique. On peut admirer la plus ancienne maison Renaissance d'Allemagne dans la Brüderstrasse (rue des Frères). Au sud de Dresde, les rochers aux formes étranges de la montagne Elbsandsteingebirge forment un paysage sauvage qui rappelle le Grand Canyon américain. La beauté de la région lui a valu le surnom de Suisse saxonne et d'être reconnue comme parc national.

„Auf der Festung Königstein ..." heißt es in einem lustigen Trinklied. Doch heiter ging es innerhalb der Mauern 246 m über der Elbe keineswegs zu. In Kriegszeiten diente die auf Sandsteinfelsen errichtete Feste den sächsischen Herrschern als Zufluchtsort, ehe in ihren Verließen „gemeingefährliche Subjekte" sicher verwahrt wurden. Als „Perle des Müglitztales" wurde Schloß Weesenstein großspurig von Reiseliteraten bezeichnet. In dem prächtigen Bau befinden sich kurioserweise die Pferdeställe im dritten und die Keller im fünften Stock.

There is a cheery German drinking song about the fortress of Königstein, although in reality there was little to be cheerful about within its grim walls. This formidable stronghold stands on sandstone cliffs high above the Elbe. The Saxon rulers took refuge here in times of war and in its dungeons they shut away anyone deemed to be a "danger to the community". - Schloss Weesenstein used to be described in travel books as the "pearl of the Müglitz valley". It is indeed a splendid, if unorthodox building; the stables are on the third floor, the cellars on the fifth floor.

«Au château de Königstein...» raconte une chanson à boire plaisante. Mais la vie n'était pas si réjouissante à l'intérieur des remparts longs de 246 mètres qui dominent l'Elbe. En temps de guerre, le fort bâti sur des rochers de grès servait de refuge aux régnants saxons. Plus tard, les «sujets constituant un danger public» y végétaient dans les oubliettes. Certains récits de voyages décrivent pompeusement le château de Weesenstein comme «Perle de la vallée de la Müglitz». Dans l'édifice superbe, on découvrira avec curiosité que les écuries étaient au troisième et la cave au cinquième étage.

Fuhrleute aus Halle, die mit ihrem Salz nach Böhmen unterwegs waren, entdeckten 1168 „in den Radspuren ein Stück Bleiglanz" mit hohem Silberanteil. Dies löste einen wahrhaften „Silberrausch" aus. Ihren Namen erhielt die Stadt, weil jedermann auf dem Berge frei nach Silbererzen schürfen durfte. Im Freiberger Dom wurden seit dem 16. Jahrhundert die Wettiner beigesetzt. Ein Grabmal blieb allerdings leer, das von Kurfürst Moritz, der in einer Schlacht fiel. Bemerkenswert die einzigartige Tulpenkanzel und die Silbermann-Orgel.

For over 700 years Freiberg's main claim to fame was its silver mines. In 1168, waggoners transporting salt from Halle to Bohemia spotted an unusual piece of shiny lead ore lying in the cart tracks, a find which triggered a veritable silver rush. Freiberg, the free hill, was so named because anyone was allowed to search for silver ore there. The rulers of Saxony, distant ancestors of the British royal family, have been buried in Freiberg cathedral since the 16th century. The cathedral is noted for its Romanesque porch, tulip pulpit and Silbermann organ.

Des voituriers de Halle qui transportaient du sel vers la Bohème découvrirent en 1168 des cailloux contenant une grande proportion d'argent dans les ornières du chemin. Ce qui provoqua une véritable «ruée vers l'argent». Comme tout le monde pouvait librement prospecter la montagne, on appela la ville Freiberg (montagne libre). Les Wattiner sont enterrés dans la cathédrale de Freiberg depuis le 16e siècle. Mais un tombeau est vide: celui du prince-électeur Moritz tombé au champ de bataille. Remarquables sont la chaire à la forme singulière et les orgues dues à Silbermann.

In Chemnitz schaut griesgrämig immernoch ein überdimensionaler Karl-Marx-Kopf auf das „sächsische Manchester" an dem Flüßchen Chemnitz, als könne der Begründer der sozialistischen Lehre immer noch nicht das Scheitern des SED-Regimes verstehen. Klotzige Wohnneubauten am Stadtrand täuschen nicht darüber hinweg, daß die einst blühende Industriestadt in vierzig Jahren Sozialismus heruntergewirtschaftet wurde. Der Rote Turm im Zentrum der Stadt erinnert nicht an die Herrschaft der einstigen Staatspartei, in ihm residierte im Mittelalter der Stadtvogt.

In Chemnitz a huge statue of a brooding Karl Marx looks down on Chemnitz in apparent disbelief that it is no longer dedicated to his memory. What used to be Karl-Marx-Stadt has now rechristened itself with its original name of Chemnitz. Graceless modern buildings on the out-skirts cannot disguise the fact that this once flourishing industrial city known as the Manchester of Saxony suffered an economic decline under forty years of Communism. Against expectations, the Rote Turm in the city centre has no political connections; it was the house of the town sheriff in the Middle Ages.

Comme s'il ne pouvait pas encore comprendre l'échec du régime SED, Karl Marx ou du moins une immense sculpture de sa tête fixe d'un air sombre la ville de Chemnitz, située sur la rivière du même nom. Les édifices modernes mais sans grâce à la périphérie du «Manchester saxon» ne trompent pas: quarante années de communisme ont ruiné la ville industrielle autrefois florissante. La Tour rouge au centre ville n'est pas un symbole du pouvoir de l'ancien parti unique. Elle était au Moyen Age la résidence du prévôt de la ville.

In Seiffen muß es viele glückliche Kinder geben, denn der kleine Ort ist zum Symbol der handwerklichen Geschicklichkeit von erzgebirgischen Spielzeugherstellern geworden. Als im vorigen Jahrhundert die Erzgruben versiegten, bedeutete dies für die ganze Region eine wirtschaftliche Katastrophe. Aus einer Verlegenheitslösung - der Spielwarenherstellung - ist ein florierender Wirtschaftszweig geworden. Weihnachtspyramiden, Nußknacker und Leuchter aus dem Erzgebirge gehen bis nach Übersee und erinnern viele Käufer an ihre deutsche Heimat.

There should be plenty of contented children in Seiffen, for this village on Germany's eastern border has become a byword for traditional wooden toys. The idea of manufacturing toys arose in the 19th century after local reserves of silver and other metals were exhausted and a region dependent on mining found itself in grave difficulties. But what began as a desperate attempt to ward off economic catastrophe has now become a flourishing industry and Seiffen's distinctive nutcrackers and painted wooden figures have found their way into homes all over the world.

Il doit y avoir beaucoup d'enfants heureux à Seiffen car la commune est devenue le symbole de l'habileté artisanale des fabricants de jouets de l'Erzgebirge. Toute la région subit une véritable catastrophe économique quand les gisements s'épuisèrent au siècle dernier. La fabrication de jouets commencée pour se tirer d'embarras est devenue une branche économique florissante. Les décorations de Noël, les casse-noisettes et les candélabres en bois sont exportés jusque de l'autre cité de l'océan et rappellent à bien des acheteurs la patrie de leurs ancêtres.

Im Vogtland ist eine besondere Form des Handwerks beheimatet, das Spitzenklöppeln. In der Mitte des vorigen Jahrhunderts erlangten die „Plauener Spitzen" Weltruhm. Selbst heute, im technischen Zeitalter, sind die Decken und Untersetzer, die aus einem Wirrwarr von Fäden geklöppelt werden, begehrt wie eh und je. Der 507 m hohe Kemmler innerhalb Plauens bietet mit seinem trutzigen Aussichtsturm einen Blick auf die Stadt, Bis hier herauf hört man die Kunstuhr des Alten Rathaus schlagen, die der Prager Aposteluhr in nichts nachsteht.

Vogtland, the region where Saxony, Bavaria and Thuringia meet, is best known for its lace-making industry. One of the biggest towns of Vogtland, Plauen, became world famous for its lace in the middle of the last century, and even in our technological age the delicate tablecloths and tablemats methodically woven out of an elaborate tangle of fine threads are as much in demand as ever. From the gloomy watchtower on Kemmler hill there is an excellent view of the town, and from up here it is even possible to hear the distant striking of the mechanical clock on the Town Hall.

La région du Vogtland est le centre d'un artisanat bien particulier: la dentellerie. Les «dentelles de Plauen» acquirent une réputation mondiale au milieu du siècle dernier. Bien que nous vivions à l'ère de la technologie, les nappes et les dessous de plats confectionnés en dentelle aux fuseaux sont encore aujourd'hui très recherchés. Dans Plauen même, la colline de Kemmler (507 mètres de hauteur) est surmontée d'une tour massive qui offre une belle vue sur la ville. Depuis son sommet, on entend la magnifique horloge de l'ancien hôtel de ville sonner les heures.

Wechselvoll ist die Geschichte der Stadt Gera, die von 1547 bis 1806 als Lehen den Königen von Böhmen untertan war. Danach wurde sie infolge der Napoleonischen Kriege Residenz des winzigen Fürstentums Reuß. Die richtige Optik verstellt nicht den Blick darauf, daß in der Saalestadt Jena unterhalb der Kernberge dereinst Geist und Unternehmertum eine fruchtbare Symbiose eingingen. Schiller lehrte an der Universität, und Goethe schrieb hier sein „Märchen". Der Mechaniker Carl Zeiss und der Optiker Ernst Abbe führten die optischen Geräte der Firma „Carl Zeiss" zu Weltruhm.

The ancient city of Gera has had a turbulent history. It came under the jurisdiction of the kings of Bohemia from 1547 to 1806, during which time refugee Protestants from the Netherlands started the textile industry that made Gera prosperous. - Jena was the home of many distinguished literary and scientific figures. Both Schiller and Goethe lived and worked here; in 1846 Carl Zeiss and his assistant Ernst Abbe founded the firm of Zeiss, world-famous for high-precision optical instruments. The first Zeiss planetarium, dating from 1925, can still be seen in Jena.

La ville de Gera a également connu une histoire mouvementée. Elle fut un fief des rois de Bohème de 1547 à 1806. Plus tard, après les guerres napoléoniennes, elle devint la capitale de la minuscule principauté de Reuss. Jadis, la pensée et l'esprit d'initiative formaient une symbiose fructueuse dans la ville de Jena sur la Saale, située au pied du massif Kernberge. Le poète Schiller enseigna à l'université. Goethe écrivit ses «Contes» à Jena. Grâce au mécanicien Carl Zeiss et à l'opticien Abbe, les appareils d'optique de la firme «Carl Zeiss» acquirent une réputation mondiale.

„Oh Weimar, dir fiel ein besonder Los…" besang schon Goethe einst die heutige Klassikerstadt. Die Herzogin Anna Amalia hatte den Aufklärer Wieland an den Hof geholt, der ihren Sohn Carl August im Sinne der Aufklärung erzog. Später folgten Goethe, Herder und Schiller. Diese vier führten die deutsche Literatur zur Höhe der Klassik. Im Deutschen Nationaltheater zu Weimar hat 1919 die deutsche Nationalversammlung die „Weimarer Verfassung" beschlossen und damit die Grundlagen für die parlamentarische Demokratie geschaffen.

Weimar has played a crucial role in the history of German literature, indeed of German culture. An illustrious quartet of intellectuals, Goethe, Schiller, Herder and Wieland, the pillars of classical German literature, lived and worked in Weimar; Luther, J.S.Bach and Liszt are just a few of the other famous names connected with the city. In 1919 the National Assembly convened in the theatre to lay the basis for the ill-fated democracy known as the Weimar republic. The decade that followed proved one of the most fascinating and creative periods in European history.

Goethe chanta la destinée particulière réservée à Weimar, la ville des grands classiques. La grande-duchesse Anna Amélia fit venir à sa cour «l'Aufklärer» Wieland, car elle désirait que son fils Charles-Auguste soit éduqué dans la philosophie des lumières ou «Aufklärung». Goethe, Herder et Schiller vinrent plus tard le rejoindre. Ces quatre grands écrivains conduisirent la littérature allemande à l'apogée du classicisme. En 1919, au théâtre national de Weimar, l'Assemblée nationale allemande élabora la constitution qui allait être la base de la première république démocratique allemande.

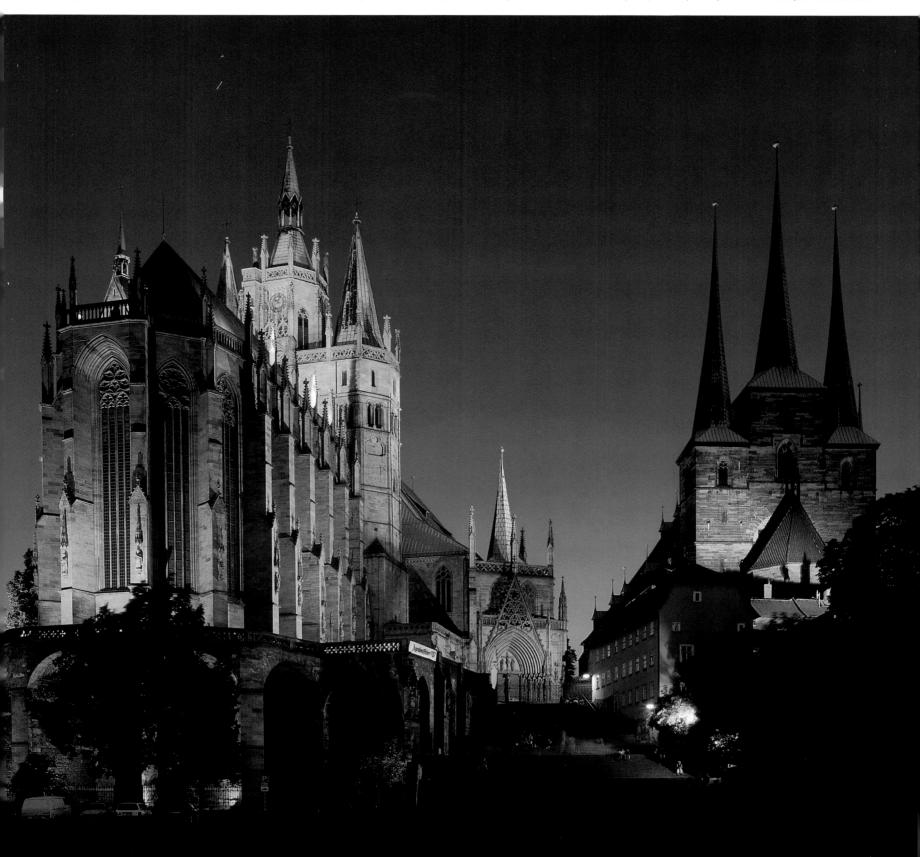

Aristokraten überkommt ein besonderes Gefühl, wenn der Name „Gotha" ins Spiel gebracht wird, denn ein Eintrag in das gleichnamige Register gilt als Bestätigung ihrer Blaublütigkeit. Das Rathaus, ursprünglich ein Kaufhaus, diente Herzog Ernst dem Frommen vorübergehend als Residenz, ehe 1655 Schloß Friedenstein fertiggestellt wurde. Der schiefe Turm des Rathauses in Eisenach, in dessen Nähe das Geburtshaus von Johann Sebastian Bach und das Haus, in dem Luther als Lateinschüler lebte, stehen, erinnert an die schrecklichen Bombennächte vom Februar 1945.

The ancient families of Germany feel a special affinity with the town of Gotha, for an entry in the Gotha Register is a guarantee that you are a true blue-blooded aristocrat. The Town Hall served the Duke of Saxe-Gotha as a temporary residence until his Baroque palace of Friedenstein was completed in 1655. - The "leaning tower" of Eisenach Town Hall is a reminder of a fearful night of bombing in February 1945. Luther went to school in Eisenach but the town is best known as the birthplace of J.S.Bach. He was christened in the church of St Georg in the market-place.

La ville de Gotha a une signification très particulière pour les aristocrates: une inscription dans le registre du même nom est la preuve indubitable de leur sang bleu. L'hôtel de ville, ancien établissement de commerce, servit de résidence provisoire au duc Ernst le Pieux jusqu'à la terminaison de la construction du château de Friedenstein en 1655. La tour penchée de l'hôtel de ville d'Eisenbach rappelle les terribles bombardements nocturnes de février 1945. A proximité se dressent la maison natale de Jean Sébastien Bach et celle où Luther résidait quand il était étudiant en latin.

„Wartberg, du sollst mir eine Burg tragen", mit diesen Worten soll Ludwig der Springer der Sage nach den Bau der Wartburg begonnen haben. Der Dichter Ludwig Bechstein nannte sie ihrer geschichtlichen Bedeutung wegen „eine in Stein gegrabene Chronik". Und tatsächlich ist die Wartburg die Burg der Deutschen schlechthin. In der Dichtkunst erlebte sie ihre Glanzzeit unter Hermann I., welcher an seinem Hof Berühmtheiten der Minne, wie Walther von der Vogelweide und Wolfram von Eschenbach versammelte. Hier soll auch der legendäre Sängerkrieg stattgefunden haben.

The 11th century Wartburg is the archetypal German castle, rich in history and legend and with more visitors than almost any other castle in Germany. It was here that medieval minnesingers like Walter von der Vogelweide and Wolfram von Eschenbach met, and the tale of the song contest in the Wartburg was immortalized by Wagner in his opera "Tannhäuser". In the 13th century the saintly Elizabeth of Thuringia scandalized her court by building a hospital for the poor nearby and it was in the Wartburg that Luther took refuge in 1521. His room is now open to visitors.

«Wartberg, tu porteras mon château». Selon la légende, c'est avec ces mots que Louis de Thuringe commença la construction vers 1180 du plus célèbre fort de l'histoire allemande que le poète Ludwig Bechstein nomma: «une chronique gravée dans la pierre». La Wartburg connut son apogée à l'époque de la poésie lyrique appelée «Minnesang». Hermann Ier réunit à sa cour des troubadours célèbres tels Walther von der Vogelweide et Wolfram von Eschenbach. Plus tard, le réformateur Luther réfugié au château, y traduisit le Nouveau Testament (1522).

Die 250 Meter lange Kaskadentreppe (885 Stufen), überragt von dem Oktogon mit einem mehr als neun Meter hohen farnesischen Herkules, endet am sehr dekorativen Neptunsbrunnen. Die Fortsetzung war bis zum Schloßteich mit der barocken Wasserkunst gedacht, abschließende Kulisse die hintere Schloßfassade. Vollendet wurde nur ein Drittel der Konzeption. Das barocke Gesamtkunstwerk ist ohne Beispiel für die Demonstration des harmonischen Zusammenspiels von Architektur und gestalteter Landschaft.

Wilhelmshöhe palace is famous not only for its collection of paintings by Rembrandt but also for the extraordinary creation in Wilhelmshöhe park. At the top is a castle surmounted by a pointed column with a huge statue of Hercules, over nine metres high. Below, the waters of the cascade emerge from the mouth of the giant vanquished by Hercules and tumble down 250 metres over 885 steps. At the foot is a decorative Neptune fountain. The project was never completed but is nevertheless an example of Baroque landscape gardening unrivalled in Europe.

La cascade longue de 250 mètres qui forme un escalier géant de 885 marches est dominée par un octogone couronné d'un Hercule Farnèse de plus de neuf mètres de hauteur et se termine à la très jolie fontaine de Neptune. L'ensemble aurait dû être aménagé jusqu'à l'étang du château pour former une coulisse grandiose à la façade arrière du château. Seulement un tiers du concept fut réalisé. L'œuvre d'art baroque démontre toutefois à la perfection l'harmonie qui peut exister entre l'architecture et la nature.

Was Karl der Große mit dem Schwert begonnen hatte, versuchte sein Sohn mit dem Wort: Zur Missionierung der Sachsen gründete Ludwig der Fromme 815 eigens das Bistum Hildesheim. „Das ist der Teutoburger Wald/Den Tacitus beschrieben/Das ist der klassische Morast/Wo Varus stecken geblieben." So heißt es augenzwinkernd in Heinrich Heines „Wintermärchen". Ein Stück weiter beginnt bei der Porta Westfalica Nordrhein-Westfalen und etwas weiter folgt das Lippeland mit dem Teutoburger Wald.

What Charlemagne had started with the sword, his son tried to continue with the sword: Louis the Pious personally founded a bishopric in Hildesheim in 815. In 7 A.D., the Roman commander Varus was dispatched with a huge army to create a new Roman province east of the Rhine. Two years later, Varus lay dead by his own hand in a treacherous marshy forest and few of his troops remained to tell the tale. The Germanic tribes, under their chief Hermann, had inflicted a terrible defeat on the invaders and succeeded in freeing the lands between the Rhine and the Elbe.

Ce que Charlemagne avait commencé avec l'épée, fut continué avec la parole par son fils: Louis Ier le Pieux fonda l'évêché d'Hildesheim en 1815 pour aider à l'évangélisation des Saxons. «Porta Westfalica», tel est le nom donné aux gorges du Weser. «C'est le bois de Teutoburg qu'a décrit Tacite; c'est le bourbier coutumier dans lequel Varus s'est enfoncé», décrit Heinrich Heine avec humour. La chaîne de collines d'Hohenzug dans le «Lippeland», fut le théâtre de la «bataille d'Hermann» en l'an neuf après Jésus-Christ.

In Münster hängen immer noch am Turm von St. Lamberti die Käfige der Wiedertäufer. Als die Bischöflichen im 16. Jahrhundert ihre Macht gebrochen hatten, wurden ihre Anführer zu Tode gefoltert: die Leichen hängte man dann an den Turm, den Vögeln zum Fraß und den Bürgern zur Mahnung. Geistliches Zentrum wurde wieder der romanische Dom, der größte in Westfalen. Die Läden um den Prinzipalmarkt sind wie eh und je „fornen alle auff Pfeiler gesetzt, darunter man hingehet" - noch heute beliebt beim Flanieren.

Münster can trace its history back to 800 A.D. when, as its name indicates, a minster was founded here not far from the present cathedral. Behind the cathedral runs the ancient Prinzipalmarkt, whose arcaded shops make it a popular place for a stroll, and opposite the Prinzipalmarkt stands the church of St. Lamberti. The church's most striking feature is the magnificent tracery of its windows. The tower exhibits a grisly reminder of a brutal age, for here hang the cages in which the leaders of a 16th century Protestant sect, the Anabaptists, were condemned to die.

Les trois cages des anabaptistes sont toujours suspendues à la tour de l'église Saint-Lamberti. Après que les anabaptistes eurent été vaincus en 1535, les trois chefs de la secte furent torturés à mort et leurs corps exposés sur la grande place afin de servir d'avertissement à la population. Le «Dom» de style roman, le plus grand de Westphalie, récupéra alors ses ouailles. Le «Prinzipalmarkt», longue place bordée d'arcades, est toujours comme autrefois un endroit de flânerie apprécié.

Wo keine Felsenspitze Sicherheit verleiht, umgibt man sich zum Schutz mit Wasser. Die Wasserschlösser in Westfalen sind berühmt und sehenswert. Das größte, wenn auch nicht das typischste, ist Nordkirchen. Als der französische Dichterphilosoph Voltaire mit spitzer Zunge teutonische Engstirnigkeit kritisieren wollte, da nahm er sich ein Schloß in Westfalen zum Muster. Er hat die Plettenberger nicht gekannt: die bauten bald nach 1703 ihr altes Schloß zur schmucken Residenz aus, und seither heißt es wie zum Lohn „westfälisches Versailles".

Westphalia lacks the picturesque hilltop castles so beloved of the former lords of Germany. In the broad plains around Münster, moated defences were the next best thing. The largest of these famous moated castles is Nordkirchen, a majestic 18th century brick and sandstone palace whose waters seems more suited for ornamental than defensive purposes. Westphalians like to regard Nordkirchen as their own Versailles, but the French philosopher and writer Voltaire was less complimentary; he saw such buildings as typical of Teutonic narrow-mindedness.

On s'entourait de douves pour se protéger quand il n'y avait pas de pics rocheux. Les châteaux entourés d'eau de Westphalie sont célèbres. Le plus impressionnant, sinon le plus typique est celui de Nordkirchen. Voltaire prit l'exemple d'un château westphalien pour critiquer l'esprit borné des Teutons. Il n'a pas connu les Plettenberger qui après 1703, transformèrent leur vieux château en une magnifique résidence qu'on appelle aujourd'hui «le Versailles de Westphalie».

„Ad Sanctos" hieß die Stelle, wo die Märtyrer begraben waren. Der Volksmund machte daraus „Xanten". Die Stadt war freilich älter als ihr Name, zur Zeit der Römer hieß sie noch „Colonia Ulpia Traiana". Heute wird das römische Xanten nach und nach ausgegraben und im „Archäologischen Park" der Nachwelt vorgestellt. Zwei der Heiligen, die dieser Stadt den Namen gaben, liegen tief im Viktordom begraben. Aus Xanten stammt schließlich auch Siegfried, der Held des „Nibelungenliedes", und gibt Rätsel auf. Denn „Victor" heißt Sieger.

"Ad Sanctos" was the name of a place where martyrs were buried. In the vernacular this became "Xanten". But the town is a lot older than its present name. The Romans established an important settlement here which they called "Colonia Ulpia Traiana". Today more and more of the ancient Roman ruins are being excavated and presented to the public in the Archaeological Park. Two of the saints who gave Xanten its name lie buried in the Cathedral of St. Victor. Xanten was also the birthplace of Siegfried, the hero of the Song of the Nibelung.

L'endroit où les martyrs étaient enterrés s'appelait «Ad Sanctos» qui devint Xanten dans la langue populaire. La ville est plus ancienne que son nom puisqu'elle se nommait «Colonia Ulpia Trajana» du temps des Romains. Aujourd'hui, la Xanten romaine est peu à peu extirpée de la terre et exposée dans le parc archéologique. Deux des saints martyrs reposent sous la cathédrale Saint-Victor dont le nom pourrait poser une énigme car Siegfried, le héros des «Nibelungen» serait né à Xanten.

Was am Niederrhein und was im Ruhrgebiet geschaffen wird, muß verkauft und muß verwaltet werden. So gelangte Düsseldorf an seinen Ruf, der „Schreibtisch des Ruhrgebietes" zu sein. Nicht Fertigungshallen, sondern Glaspaläste dominieren im Bild dieser Stadt, die schon im 13. Jahrhundert kein Dorf mehr an der Düssel war. Die Hauptstadt von Nordrhein-Westfalen, des volkreichsten Landes der Bundesrepublik ist zugleich auch das Tor zum Bergischen Land, das weniger so heißt, weil es gebirgig ist, als deshalb, weil es untertänig war den Grafen zu Berg.

Düsseldorf is the capital of North-Rhine-Westphalia, the Federal Republic of Germany's most populous state. There is little industry here and Düsseldorf's role as a major banking, marketing and administrative centre has earned it the nickname "the writing-desk of the Ruhr District". High-rise office blocks dominate the skyline. This city on the River Düssel was granted its town charter in the 13th century. It lies on the edge of a hilly region known as the "Bergisches Land" which once belonged to the Counts of Berg.

Ce qui est produit dans le Bas-Rhin et dans le bassin de la Ruhr, doit être vendu et géré quelque part. C'est ainsi que Düsseldorf a acquis la réputation d'être le «bureau» de la Ruhr. Des palais de verre et non pas des usines forment la physionomie de la ville qui était déjà une grosse bourgade sur la Düssel au 13ième siècle. La capitale du «Land» Rhénanie du Nord-Westphalie est aussi la porte d'entrée du «Bergisches Land», une magnifique région boisée qui doit son nom aux comtes de Berg.

Der populäre Kurfürst Johann Wilhelm von der Pfalz, in Düsseldorf „Jan Wellem" genannt, thront hoch zu Roß vor dem Rathaus. Den Anspruch auf höfische Rokoko-Pracht vermittelt heute noch das Schloß von Benrath im Süden der Stadt. Älter - und vielleicht auch eindrucksvoller - sind die Reste der um 1180 neuerbauten Kaiserpfalz von Barbarossa im nahen Kaiserswerth. Wer mit dem Flugzeug anreist und wer aufpaßt, sieht sie vielleicht aus der Luft: gleich nebenan liegt Lohausen, der Flughafen der Stadt.

At the end of the 18th century, Düsseldorf was briefly occupied by the French. Napoleon imported a certain French flair to the town, best seen in his legacy of the Königsallee with its exclusive shops, and in the attractive Hofgarten park. The tradition continues - even the office blocks are elegant in Düsseldorf. Renowned as a business centre, the city also has magnificent museums and art galleries. Its greatest attraction is, however, undoubtedly the Altstadt, a part of Düsseldorf devoted almost entirely to the business of eating and drinking.

Le plus populaire d'entre eux trône fièrement sur un cheval au milieu du quartier de la Vieille Ville: le prince-électeur Jean-Guillaume, appelé familièrement «Jan Wellem». Le château de Benrath situé au sud de la ville, rappelle encore aujourd'hui la splendeur de l'époque baroque. Plus anciennes et plus impressionnantes, sont les ruines du palais impérial de Barberousse, construit vers 1180 dans la localité voisine de Kaiserswerth.

Düsseldorf liegt rechts des Rheins, ihr gleich gegenüber liegt Neuss; die eine Stadt ist berühmt für ihre Büros, die andere für ihr Sauerkraut; die eine feiert Karneval, die andere ihr Schützenfest, und das seit beinahe zweihundert Jahren. Überhaupt hat der kleinere Nachbar auf dem linken Ufer die weitaus ältere Tradition. 1984 konnte man hier schon den 2000. Geburtstag feiern. Wie Xanten wurde Neuss als römischer Stützpunkt gegründet, und auch hier gibt es eine Kirche über frühen Gräbern: St. Quirin, weit älter als die Kuppel des Barock.

Düsseldorf lies on the right bank of the Rhine. On the opposite side stands the city of Neuss. there are many contrasts between the two towns. One is famous for its office-blocks, the other for its sauerkraut. The inhabitants of Düsseldorf celebrate carnival while the people of Neuss have enjoyed their „Schützenfest" - a fair featuring shooting matches - for almost 200 years. Like Xanten, Neuss was founded by the Romans as a military base and here, too, a church was built over former graves: St Quirin. The baroque dome is a much later addition.

Düsseldorf est située à droite du Rhin. Neuss s'étend juste en face. Une ville est réputée pour ses consortiums, l'autre pour sa choucroute. L'une fête le carnaval, l'autre ses anciennes corporations de tir. Neuss est d'ailleurs bien plus âgée que Düsseldorf: en 1984 elle a célébré son 2000ème anniversaire. Tout comme Xanten, elle était une base romaine et possède aussi une église construite sur des tombes anciennes: la «Quirinuskirche» est de style gothique primitif.

In dem engen Tal der Wupper war in der Mitte des vorigen Jahrhunderts die größte industrielle Ballung des Deutschen Reiches entstanden. Die Wohnhäuser hockten längst eins auf dem Rücken des anderen. Bis dahin hatte die Wupper ihr Wasser zum Trinken, als Energiequelle und für die Chemie gegeben. Nun gab sie ihr Letztes und Bestes - ihr Bett. Sie gab es als Stütze und Weg der Schwebebahn und linderte so die Verkehrsnot der Städte Barmen und Elberfeld.

In the middle of the last century the biggest industrial conurbation in the German Empire developed in the narrow valley of the River Wupper. Houses were built all the way up the sides of the valley. Before then the River Wupper had provided water for drinking and as a source of energy. With the coming of the industrial revoluiton its bed was used as a base for the pillars of the suspension railway which was built to ease traffic congestion in the towns of Barmen and Elberfeld. Although it is over 80 years old, the suspension railway is still in operation even today.

C'est dans l'étroite vallée de la Wupper que s'est développée, au milieu du siècle dernier, la plus grande zone industrielle du Reich allemand. La Wupper avait déjà donné son eau à la ville pour alimenter la population et les industries chimiques. Elle finit par leur donner ce qu'elle avait de plus cher: son lit. C'est dans la Wupper en effet que se dressent les pilliers soutenant le métro aérien, un système de transport qui a atténué les problèmes de circulation des villes de Barmen et d'Elberfeld.

Düsseldorf ist die Landeshauptstadt, die rheinische Hauptstadt ist immer noch Köln, das „Heilige Köln", wie es im Mittelalter hieß. Aus dem römischen Colonia war im Laufe der Jahrhunderte die mächtigste Stadt nördlich der Alpen geworden. Im nahen Brühl und anderswo ließ der Kurfürst Clemens August prächtige Schlösser errichten und holte sich dazu die größten Architekten heran wie den Barockbaumeister Balthasar Neumann. Das von ihm geschaffene Brühler Schloß Augustusburg wird heute von der Bonner Regierung für Staatsempfänge genutzt.

Düsseldorf might be the state capital but Cologne is still the capital of the Rhineland. Founded by the Romans and known in the Middle Ages as "Holy Cologne", down the centuries it developed into the most powerful city north of the Alps. In nearby Brühl and in other places the 18th c. elector Clemens August had some magnificent palaces designed by great architects of the day, like the celebrated Baroque architect Balthasar Neumann. Today, his creation Augustusburg Palace in Brühl is famous as the place where the Bonn government holds its state receptions.

Düsseldorf est la capitale du «Land» Rhénanie du Nord-Westphalie, mais la plus grande ville rhénane demeure Cologne, la «Sainte Cologne», comme on l'appelait au Moyen Age. Au cours des siècles, la Colonia romaine était devenue la ville la plus puissante au nord des Alpes. Le prince électeur Clemens August (1723-1761) fit ériger de magnifiques châteaux à Brühl et dans les environs, en faisant appel à des architectes célèbres tel Balthasar Neumann. Le château Augustusburg à Brühl est bien connu car le gouvernement de Bonn utilise ce château pour ses réceptions officielles.

Aachen liegt am Rand der Bundesrepublik, im „Dreiländereck". Um das Jahr 800 aber war es Mittelpunkt des großen Frankenreiches, von hier aus wurde Europa beherrscht. Karl der Große, Charlemagne, wie ihn die Franzosen nennen, die sich auch auf ihn berufen, ließ eine Pfalzkapelle errichten, Kernstück des berühmten Kaiserdoms. Sie wird überhöht von der ältesten Kuppel nördlich der Alpen. Der Baumeister verteilte das große Gewicht auf acht Pfeiler. In diesem „Oktogon" steht heute noch der schlichte Thron des Kaisers.

Aachen lies in the far west of the Federal Republic of Germany, on the border with Belgium and Holland. Around 800 it lay at the centre of the great Frankish Empire which covered most of Europe. The favourite residence of the Frankish emperor, Charlemagne, was Aachen and it was here that he built a palatine chapel which forms the core of the celebrated imperial cathedral. The dome is the oldest north of the Alps and rests on eight pillars. The simple throne used by Charlemagne still stands in the centre of this octagon.

Aix-la-Chapelle est située à la frontière de l'Allemagne fédérale, dans ce qu'on appelle le «triangle de trois pays». En l'an 800, la ville était le centre du grand royaume des Francs et la résidence de l'empereur Charlemagne, maître de l'Europe. Il y fit construire une chapelle impériale, partie centrale du célèbre Dom. Cette chapelle est surmontée de la plus ancienne rotonde au nord des Alpes. Aujourd'hui encore, on peut admirer le trône de Charlemagne dans l'église octogonale.

Die 2000jährige Bonner Stadtgeschichte begann mit einem römischen Kastell. Die Legionäre Cassius und Florentinus starben hier den Märtyrertod. Heute sind sie die Stadtpatrone Bonns. Über ihren Gräbern erhebt sich die Münsterbasilika. Die Universität und das Rathaus sind Zeugen barocker Pracht. In der Zeit des demokratischen Aufbruchs in Deutschland wehte erstmals 1848 auf der Rathaustreppe die schwarz-rot-goldene Fahne. Musischen Ruhm verleiht Bonn indes Ludwig van Beethoven. Sein Geburtshaus erinnert an den großen Komponisten.

The history of Bonn started 2,000 years ago with a Roman fort, one of the first on the Rhine. The stately Romanesque Minster is dedicated to two Roman martyrs, Cassius, and Florentinus, who are also the patron saints of the city. The imposing Baroque university building was originally the Elector's palace. It dates from the early eighteenth century, as does Bonn's historic Town Hall in the marketplace, where the familiar black, red and gold German flag was first raised in the revolution of 1848. Not far from the Town Hall stands Beethoven's birthplace, now a museum.

L'histoire vieille de 2000 ans de Bonn a commencé avec un camp romain. Les légionnaires Cassius et Florentinus sont aujourd'hui les patrons de la ville et sur leurs tombes s'élève l'admirable église romane, le Münster. L'université et l'hôtel de ville datent de l'époque baroque. Durant l'éveil démocratique en Allemagne, le drapeau aux trois couleurs noir, rouge, jaune fut pour la première fois déployé en 1848 sur l'escalier de l'hôtel de ville. L'ancienne capitale allemande se glorifie aussi d'avoir vu naître Ludwig van Beethoven. La maison natale du musicien est aujourd'hui un musée.

Die Bundesrepublik Deutschland wurde 1949 gegründet. Alle größeren Städte waren damals noch vom Krieg her verwüstet. Es war nicht einfach, für die Regierung eines Sechzig-Millionen-Volkes eine passende Unterkunft zu finden. Die Wahl fiel auf Bonn. Die kleine Universitäts- und Pensionärs-Stadt war nicht so stark zerstört und lag nicht nur zentral, sondern auch gegenüber dem Wohnsitz des ersten Bundeskanzlers Konrad Adenauer. Die neu enstehenden Regierungsbehörden richteten sich zunächst provisorisch ein.

The Federal Republic of Germany was founded in 1949. At the time the country's major cities still lay in ruins from the wartime bombing raids and it was no easy task to find a suitable seat for the government of a nation of 60 million people. In the end the choice fell on Bonn, a small university town which had remained not that scathed. It was centrally located and the first Federal Chancellor, Konrad Adenauer, lived not far away. In the initial period the various government departments were all found provisional homes.

La République Fédérale d'Allemagne fut fondée en 1949. Après les bombardements de la guerre, toutes les grandes villes n'étaient plus que décombres. Quelle cité plus ou moins intacte pouvait abriter le futur gouvernement? Le choix se porta sur Bonn, une petite ville universitaire qui se trouvait non seulement au cœur de l'Allemagne mais également en face du lieu de résidence du premier chancelier fédéral, Konrad Adenauer. C'est donc à Bonn que les autorités et services gouvernementaux s'installèrent provisoirement.

In die barocken Paläste, das Poppelsdorfer „Clemensruhe" und das Kurfürstliche Schloß am Hofgarten, ist nicht die Politik eingekehrt, sondern die Gelehrsamkeit: Beide beherbergen die Rheinische Friedrich-Wilhelm-Universität. Das politische Bonn ist weiter südlich entstanden, nach Godesberg hin, zwischen Rhein und „Diplomatenrennbahn", wie die Bundesstraße 9 in Bonn heißt, mit einem eigenen Regierungsviertel unten am Fluß, ein Quadratkilometer alles in allem, aber randvoll mit den Zentren politischer Macht, rings umgeben von den Sitzen der Lobby.

The two ancient palaces in Bonn, the Clemensruhe Palace in Poppelsdorf and the Electoral Palace by the Court Gardens, have nothing to do with politics. They are places of learning for both belong to the Friedrich Wilhelm University. Bonn's political quarter is located in the south of the city, towards the suburb of Godesberg. It lies between the Rhine and a wide main road known rather irreverently as the "diplomats' racetrack". The government district covers no more than one square kilometre but it is the nerve centre of political power.

Le savoir et non pas la politique a élu domicile dans deux palais baroques, le château de Poppelsdorf appelé «Clemensruhe ou le repos de Clemens» et dans l'ancien château des princes-électeurs de Cologne qui s'ouvre sur le Hofgarten: tous les deux abritent l'université rhénane Friedrich-Wilhelm. Le district de la politique se trouve plus au Sud, vers Godesberg, sur environ un kilomètre carré entre le Rhin et le «circuit des diplomates». C'est ainsi qu'on nomme la Nationale 9 à Bonn.

Vor den Gasthäusern im südlichen Bad Godesberg warnte 1828 schon Johanna Schopenhauer ihre Tochter: da kämen alle Tage Narren an, die um drei Uhr in der Nacht das Haus aufweckten, um den Sonnenaufgang auf dem Drachenfels zu sehen. Sie konnte es nicht fassen: „Was das für ein sündliches Treiben ist um die verfluchte Natur". In Godesberg beginnt - oder endet, je nachdem - der Mittelrhein, seit dem neunzehnten Jahrhundert Wallfahrtsstätte für romantische Rhein- und Weinseligkeit.

In 1828 Johanna Schopenhauer warned her daughter about the inns in Bad Godesberg, then a small town to the south of Bonn. "Every day", she told her, "fools arrive and wake up everyone at three in the morning because they want to see the sunrise from the Drachenfels rock. What sinful behaviour", she exclaimed, "all because of cursed Nature!" It is Bad Godesberg that the Middle Rhine begins - or ends, depending on whether you are travelling up or down river. Since the 19th century the river has been a popular attraction for lovers of romanticism and wine.

En 1828, Johanna Schopenhauer avertissait sa fille du danger des auberges de Bad Godesberg: elles sont fréquentées par des bouffons qui réveillent les gens à trois heures du matin quand ils vont voir le lever du soleil sur le Drachenfels. Elle en était incrédule: «Quel penchant dépravé pour cette maudite nature!» C'est à Godesberg que le Rhin moyen commence ou s'achève, selon les opinions. Depuis le 19ème siècle, la ville est un lieu de pèlerinage pour ceux qui aiment l'atmosphère romantique du fleuve et les bons vins.

Natürlich hat der Drachenfels nie einen Drachen gesehen; hier wurden seit der Römerzeit die „Drakensteine" gebrochen, Trachyt, mit dem auch der Kölner Dom errichtet wurde. Und das Siebengebirge hat auch nicht sieben Berge, sondern um die vierzig, und trägt seinen Namen nach den „Siefen", den kleinen Wasserläufen, denen man hier überall begegnet. Seiner Wirkung aber tut das keinen Abbruch, der Drachenfels ist der meistbesuchte Berg in Deutschland, und beim Aufstieg findet man auf halber Höhe Schloß Drachenburg.

The Drachenfels rock takes its name from the trachyte stone that has been quarried here since Roman times and was used, amongst other things, in the construction of Cologne Cathedral. The Siebengebirge range nearby is comprised of some 40 hills. It is named after the numerous brooks or "Siefen" that tumble their way down the slopes. The Drachenfels is a popular place for excursions. In fact, it attracts more visitors every year than any other mountain in Germany. Half-way up stands the castle known as the Drachenburg.

Déjà au temps des Romains, on extrayait du Drachenfels la trachyte, une pierre qui a servi à la construction du Dom de Cologne. Les Sept-Montagnes ou Siebengebirge ne sont pas sept mais quarante environ et doivent leur nom aux «Siefen», ces petits torrents qui y coulent partout. Cette confusion des noms n'enlève rien pourtant à la beauté du paysage. Le Drachenfels est la montagne la plus visitée d'Allemagne et décorée à mi-hauteur d'un château dit Drachenburg qu'un industriel, féru de romantisme, se fit construire à la fin du siècle dernier

Westlich des Rheins, zwischen Mosel und Ahr, liegt die Eifel, ein Mittelgebirge mit vulkanischer Vergangenheit, die heute noch in Maaren, Tuff und Mineralwasser zutage tritt. Das kleine Ahrtal birgt das größte geschlossene Rotweinwandergebiet der Bundesrepublik; hier sprudeln auch die Quellen, aus denen seit mehr als hundert Jahren die Welt trinkt, wie es die Werbung sagt. Seit 1858 ist das mondäne Bad Neuenahr Kurort, hier suchten die gekrönten Häupter von einst ihre Ruhe und Gesundheit - und Zerstreuung im Casino.

To the west of the Rhine, between the Moselle and Ahr rivers, lies a hilly, former volcanic region known as the Eifel. Today its many springs are a valuable source of mineral water. The small valley of the Ahr contains the biggest single area in the Federal Republic of Germany for growing red wine, and according to the advertisements, the mineral water from its numerous springs has been in great demand for more than 100 years. In 1858 the charming town of Neuenahr became a spa and at one time the crowned heads of Europe came here to rest and recuperate.

A l'Ouest du Rhin, entre la Moselle et l'Ahr, s'étend l'Eifel, une région de montagnes moyennes dont on retrouve le passé volcanique dans le tuf, dans les abîmes circulaires appelés «Maare» et dans les sources d'eaux minérales. La vallée de l'Ahr renferme la plus grande région de vin rouge en Allemagne fédérale. Depuis 1858, Neuenahr est une station thermale à la mode. Les têtes couronnées venaient autrefois y chercher le repos, la santé et les plaisirs dans le Casino. Karl Marx y vint aussi en cure.

Die Eifelluft ist besser als der Himmel über Bonn. Deshalb ließ das Bonner Max-Planck-Institut fernab bei Effelsberg ein Radioteleskop errichten, das größte bewegliche Gerät dieser Art auf der Welt. Mit dem runden, hundert Meter großen Spiegel lauscht die moderne Radioastronomie bis ans Ende der Galaxis. In neun Minuten hat das weiße Wunderding sich einmal voll im Kreis gedreht, und über einen Zahnkranz kann die riesenhafte Schüssel um zwanzig Winkelgrade pro Minute gekippt werden.

In the high plateau of the Eifel between the Rhine and the Belgian border it is no small surprise to come across the largest movable radio telescope in the world, an awesome and breathtaking sight in the remote wooded valleys. The Max Planck Institue in Bonn erected this gigantic telescope, whose bowl is 100 metres in diameter, at Effelsberg, near Bad Münstereifel. In the southern Eifel there is a group of volcanic lakes known as the Maare, remarkable in that they were created not by outpourings of lava, but by gigantic explosions of subterranean gas.

Le ciel de l'Eifel est plus clair que celui de Bonn. C'est pour cette raison que l'Institut Max-Planck de Bonn installa près de Effelsberg le plus grand appareil de radiotélescopie du monde. La radioastronomie moderne explore les fins fonds de la galaxie à l'aide d'un miroir de cent mètres de diamètre. La merveille blanche tourne sur elle-même en neuf minutes et la coupole géante penche à un angle de vingt degrés par minute sur une couronne dentée.

Wo die Eifel endet, liegt Trier, das römische Augusta Treverorum, seit Cäsar hier die Kelten unterworfen hatte. Die strategische Bedeutung der Stadt an der Moselfurt wuchs ins Immense, als hier im Jahre 17 vor Christi Geburt der erste Brückenschlag über die Mosel gelang. Trier wurde zum mächtigen Handelsplatz und ist es über die Jahrhunderte geblieben. Die Steipe, das alte Festhaus der Trierer Bürgerschaft erinnert daran ebenso wie der gewaltige Dom, dessen Entstehungsgeschichte bis in die Jahre der Völkerwanderung zurückreicht.

Trier, the oldest town in Germany, was founded by the Roman Emperor Augustus. It fast became the largest town north of the Alps, strategically important because of the first bridge across the Moselle built here in 17 B.C. Mediaeval Trier was smaller, but remained an important administrative and trading centre. In spite of wars and invasions, much of Roman Trier has been preserved. Quite apart from the fascinating museum collections, it is difficult to walk around the town without stumbling upon what are undoubtedly the most impressive Roman remains in Germany.

Trèves, «Augusta Treverorum» après la victoire de César sur les Celtes, est située à la frontière de l'Eifel. La signification stratégique de la ville prit des dimensions immenses quand la Moselle fut franchie pour la première fois en l'an 17 avant Jésus-Christ. Trèves devint une place de commerce importante et l'est restée jusqu'à aujourd'hui. La «Steipe», ancien hall des fêtes des citoyens de la ville et l'imposante cathédrale rappellent la gloire de la cité.

Geschichtliche Brückenschläge sind in Trier immer möglich: An die römische Basilika schließt sich im Rokoko-Stil der Kurfürstliche Palais an, das mittelalterliche Stiftsgebäude des Einsiedlers Simeon lehnt sich an das schwarze Stadttor an, das auch so heißt: Porta Nigra, eine der stattlichsten Pforten des römischen Imperiums; und die Verlängerung der alten Römerbrücke heißt heute Karl-Marx-Straße, denn nur ein paar Meter weiter, in der Brückenstraße 10, wurde Karl Marx 1818 geboren. Heute ist das Haus ein Museum.

Any self-respecting Roman community had its baths, but those in Trier were vast and later became incorporated into the town walls. Other interesting sites include the giant amphitheatre, the Roman core of the cathedral and the Protestant church, founded on an enormous basilica that the Emperor Constantine once used as a palace. Trier's most magnificent monument is the Porta Nigra. From later times, there are good examples of Gothic and Baroque architecture, and the birthplace of Karl Marx in Brückenstrasse is now a museum.

Les périodes de l'histoire se rejoignent à Trèves: le palais électoral de style rococo s'appuie contre la Basilique romaine, le cloître Saint-Siméon jouxte la Porta Nigra ou Porte noire, un des monuments les plus importants de l'Empire romain. La prolongation du vieux pont romain s'appelle aujourd'hui la rue Karl-Marx car c'est quelques mètres plus loin, au 10 de la rue Brücken, qu'est né le philosophe révolutionnaire. Sa maison est aujourd'hui un musée.

Oberhalb Triers fließt die Saar in die Mosel, flußabwärts kommt die Ruwer dazu; in den Tälern aller drei Flüsse wächst berühmter Wein, der bekannteste ist der Moselwein, die Hänge sind ab und zu gekrönt von romantischen Gipfelburgen. Moselwein wurde neben dem „Kölsch" in Köln schon immer gern getrunken, ja, im mittelalterlichen Annolied heißt es gar, der Römerkanal habe einst den Wein von Trier nach Köln gebracht. Daß die Römer so viel Aufwand für das Leitungswasser trieben, konnte damals keiner glauben.

The Moselle and its two tributaries, the Saar and the Ruwer, are famous for the green bottles that contain light and delicious wines appreciated as far back as Roman times. A appealing mediaeval legend tells that the Roman aqueduct from Trier to Cologne was actually built to transport wine, not drinking water. It is well worth exploring the picturesque villages and towns that huddle between the Moselle and the steep, back-breaking slopes of the vineyards. Often, a romantic castle tops the hillsides, while boats and barges throng the river below.

La Sarre coule dans la Moselle au-dessus de Trèves. La Ruwer vient les rejoindre en aval. Le célèbre vin de Moselle pousse dans la vallée des trois cours d'eau, à flanc de collines d'ardoise couronnées çà et là de châteaux romantiques. Le vin de Moselle a de tous temps été aussi populaire à Cologne que la «Kölsch», bière à haute fermentation. On a même cru autrefois que le canal romain venant de l'Eifel servait à acheminer le vin et non pas l'eau de Trèves à Cologne!

Die Burgen Eltz und Bürresheim sind zwei besonders schöne Beispiele für den Burgenbau in der Eifel. Beide Häuser sind nie wirklich zerstört worden. In Bürresheim umringen die Mauern das Fachwerk im Innern. Was der steile Hügel im engen Tal der Eltz an Raum nicht gewährte, das suchten die Erbauer in der Höhe. So einheitlich und doch auch vielgestaltig wie von außen ist die Burg auch als Stätte zum Wohnen: Seit 1157 ist Burg Eltz im Besitz der Familie des gleichen Namens, mehrere ihrer Linien wohnen heute in der Burg zusammen.

The castles of Eltz and Bürresheim are two particularly splendid examples of castle architecture in the Eifel region. Both have remained almost completely intact. Bürresheim castle is famous for its half-timbering. The steep hill in the narrow valley of the Eltz offered only a limited area for building on, so the architects designed a particularly high castle. Since 1157 Eltz Castle has been in the possession of one family of the same name, several lines of which inhabit the castle together even today.

Eltz et Bürresheim qui n'ont jamais vraiment subi de dommages, sont deux très beaux exemples de construction de châteaux dans le Sud de l'Eifel. A Bürresheim, les murs trapus entourent la charpente intérieure à colombage. Le château d'Eltz se dresse en hauteur, sur une colline raide de l'étroite vallée de l'Eltz. L'intérieur en est aussi particulier que ses façades: le château est la propriété de la famille du même nom depuis 1157. Et celle-ci y habite encore.

„Man steigt waldein, wandert unter herrlichen Buchen und Eichen immer bergab und hat bald den See Laach unter sich, der tief als ein schauerlich dunkler Waldkessel da liegt und an dem andern offeneren Ende das Kloster zeigt", so notiert es sich 1844 Ernst Moritz Arndt. Das Kloster „St. Maria ad lacium" ist eines der schönsten romanischen Baudenkmäler in Deutschland. Im Jahre 1500 schrieb Johannes Butzbach in seiner „Chronica eines fahrenden Schülers": Wer wäre jemals imstande, würdig zu beschreiben jene bauprächtige Kirche…"

In 1844 Ernst Moritz Arndt wrote: "You enter the forest, walk steadily downhill beneath magnificent beech and oak trees and soon you look down on Lake Laach, a deep, dark and forbidding expanse of water. At the open end of the lake stands the monastery". The "St. Maria ad lacum" monastery is one of the finest architectural monuments in Germany. As Johannes Butzbach asked in 1500: "Who could find words worthy enough to describe that splendid church?"

«Vous pénétrez dans la forêt, descendez le versant sous une voûte de hêtres et de chênes somptueux et bientôt, vous apercevez à vos pieds la surface sombre et austère du lac de Laach au bout duquel se dresse une abbaye». L'abbaye «St. Maria ad lacum», près du lac de Laach, est une des plus belles constructions romanes d'Allemagne. Déjà en 1500, Johannes Butzbach écrivait dans sa «Chronique d'un écolier errant»: «Qui trouvera jamais des mots assez dignes de décrire cette église somptueuse avec son chœur, son abside double, ses piliers, ses autels et ses voûtes…»

Hier fließt die Mosel in den Rhein; hier hatten schon die Römer ein Kastell, und weil es am Zusammenfluß der beiden Flüsse sich erstreckte, nannten sie es „Confluentes": Koblenz. Die Lage sicherte der Stadt ihre Bedeutung, der Trierer Kurfürst, Clemens Wenzeslaus von Sachsen, verlegte seine Residenz sogar an den Rhein, in das neuerbaute Kurfürstliche Palais (1778 bis 1787). Gegenüber lag seit dem 11. Jahrhundert die Feste Ehrenbreitstein, immer wieder ausgebaut und von den Preußen nach 1815 aufgebaut zur Wacht am Rhein". Von hier aus hat man heute wie

The menacing 11th century fortress of Ehrenbreitstein looks down upon the „Deutsches Eck", the confluence of Rhine and Moselle. The Romans built a fort here, the "Confluentes", from which the modern name of Koblenz derives. In 1897, a large stone statue of Kaiser Wilhelm I was erected on this site, but it was destroyed, and only the base can still be seen standing rather inconclusively above the two rivers. The arched Moselle bridge, like many of the buildings in Koblenz, is a stately inheritance of the Middle Ages.

C'est là, au pied de la forteresse d'Ehrenbreitstein que la Moselle coule dans le Rhin. Les Romains y avaient déjà un fort qu'ils appelaient «Confluentes» car il s'étendait à la jonction des deux cours d'eau. Ce fort devint Coblence qui prit de l'ampleur grâce à son emplacement. Le prince-électeur de Trèves, Clemens Wenceslas von Sachsen, établit même sa résidence sur le Rhin, dans le «Kurfürstliches Schloß» ou château électoral, construit de 1778 à 1787 par deux architectes Français Michel d'Ixnard et Antoine François Peyre.

zur Kaiserzeit den Blick aufs „Deutsche Eck", das alte Denkmal Kaiser Wilhelms an der Moselmündung. Hier hatte bei der Kirche von St. Kastor das Deutschherrenhaus gestanden; beim Denkmalsbau im Jahre 1897 war der stolze Name gerade recht. Die militärische Vergangenheit, die mit den Römern hier begann, hat Koblenz nie ganz losgelassen: heute ist es Garnisonsstadt, rund jeder Fünfte in der kleinen Großstadt hat heute mit der Bundeswehr zu tun.

The clifftop fortress of Ehrenbreitstein was often extended, never conquered. The French blew it up in 1801, but the Prussians soon ended the French occupation and set about building their own improved version of this intimidating stronghold. Today Ehrenbreitstein enjoys a more peaceful existence as a museum and youth hostel, but the military tradition that started with the Romans continues, for Koblenz itself is a garrison town and one in five of its inhabitants is involved in some way with the West German Armed Forces.

La forteresse d'Ehrenbreitstein se dresse juste en face depuis le deuxième siècle. Elle n'a jamais cessé d'être reconstruite et les Prussiens l'ont rebâtie en «poste de guet» sur le Rhin après 1815. De sa plate-forme on peut voir l'embouchure de la Moselle et le vieux monument de l'empereur Guillaume, qui a été érigé en 1897. Coblence, résidence militaire au temps de Romains, l'est toujours aujourd'hui: 1/5ème de sa population travaille pour l'armée.

Der Dom auf dem Kalkfelsen am Lahnufer ist das Wahrzeichen von Limburg. So haben die Vedutenmaler der Vergangenheit die Stadt gesehen und dargestellt, nach ihnen die Radierer und Stahlstecher, schließlich die Fotografen. Die kunsthistorisch hochinteressante Gottesburg wurde in der zweiten Hälfte des 13. Jahrhunderts vollendet, zur Zeit wirtschaftlicher Blüte. Der Stil verrät das Kräftespiel zeitgenössicher Kunstauffassungen: zwischen Spätromantik und Frühgotik. Der Turmhelm ist ein halbes Jahrtausend jünger.

Limburg Cathedral, standing on a limestone crag above the River Lahn, dominates the picturesque Old Town of Limburg, and is a prominent landmark for miles. It has always been an attraction for artists in search of a striking motif; first the landscape painters discovered it, then the etchers and steel engravers and finally the photographers. The cathedral, with its seven towers, is of architectural as well as artistic interest, being a surpassing example of the Romanesque style. It was completed in the 13th century, though the spire is a later addition.

La cathédrale qui se dresse sur un rocher calcaire au bord de la Lahn est le symbole de Limburg. Elle est l'image de la ville que les peintres de paysages, d'antan les graveurs à l'eau-forte et sur cuivre et plus tard les photographes ont vue et représentée. La construction de l'admirable cathédrale au passé historique passionnant a été achevée dans la deuxième moitié du 13e s. alors que la ville vivait une grande prospérité économique. Son architecture trahit deux styles qui s'opposaient à l'époque: le roman tardif et les débuts du gothique.

Die Koblenzer schenkten dem preußischen Kronprinzen Friedrich Wilhelm IV. eine Ruine. Der ließ daraus ab 1825 durch seinen Baumeister Schinkel Schloß Stolzenfels aufs neue entstehen und zog im Jahr der Fortsetzung des Kölner Dombaus, 1842, mit großem Gefolge hier ein, in altdeutscher Tracht. Die Marksburg über Braubach hat sich dagegen ihr romanisches Äußeres aus der Zeit ihrer Entstehung herübergerettet. Der Bau des 15. bis 18. Jahrhunderts wurde nie zerstört. Heute ist die Marksburg Sitz der Deutschen Burgenvereinigung.

In the 19th century, it was apparently an honour, not a nightmare, to receive a dilapidated castle as a present. The Crown Prince of Prussia was delighted to find himself the owner of the ruins of Stolzenfels, a gift from the people of Koblenz, and enthusiastically set about the process of restoration. In 1842 he moved in, accompanied by a large retinue dressed in suitable traditional garb. Marksburg, dating from the 12th century, has the distinction of being the only intact castle on the Rhine. It stands on a peak 460 ft. high, overlooking the town of Braubach.

Les habitants de Coblence offrirent une ruine au prince héritier prussien Frédéric Guillaume IV. Son architecte Schinkel rebâtit le château de Stolzenfels à partir de 1825. En 1842, Frédéric Guillaume prenait possession du château au cours d'une cérémonie où tous les participants étaient vêtus de costumes d'époque. Le Château de Marksburg près de Braubach a sauvegardé son image romantique originale. L'édifice qui date du 14 au 18ème siècle n'a jamais subi de destruction. Il est aujourd'hui le siège de l'Association allemande des châteaux.

„An den Rhein, an den Rhein, zieh nicht an den Rhein, mein Sohn, ich rate dir gut…" - So schrieb der Dichter und Professor Karl Simrock im vergangenen Jahrhundert. Er hat sich aber selbst nicht daran gehalten, hat „Haus Parzival" gebaut am Rhein, und er hat es auch gar nicht so gemeint, denn das Lied fährt später fort: „Da geht dir das Leben zu lieblich ein, da blüht dir zu freudig der Mut." Im Mittelalter hatte er strategische Bedeutung, hier konnte man leicht Zoll kassieren und deshalb säumen ihn so viele Burgen.

"Mark my words well, my son. Do not go and live by the Rhine." But 19th century poet Karl Simrock, who built "Parsifal House" by the Rhine, ignored his own advice which was meant a bit tongue-in-check anyway. "Life there will be too sweet for you", the poem continues, "and boldness will blossom too readily in you." In the Middle Ages the Rhine was of strategic importance. On this stretch of the river it was easy to collect duties. That is why it is lined by so many castles.

«Sur le Rhin, sur le Rhin, ne viens pas y demeurer, mon fils, c'est un conseil que je te donne…» écrivait au siècle dernier le poète Karl Simrock. Il ne suivit pas ce conseil lui-même car il fit bâtir «Haus Parzival» sur le fleuve et sa chanson continue ainsi: «La vie y devient bien trop douce, le cœur se dilate trop joyeusement.» La région du Rhin a toujours attiré les hommes et les châteaux qui la parsèment, témoignent de l'importance stratégique qu'elle avait au Moyen Age.

Die Burg der hessischen Grafen von Katzenelnbogen über St. Goarshausen hieß im Volksmund immer schon „Burg Katz". Ein Stück weiter lag die befeindete Deurenburg, von den Herren auf der „Katz" geringschätzig „Maus" genannt. Der 132 Meter hohe Schieferfelsen Loreley im Hintergrund war ein sicherer Zufluchtsort. Eine Burg hat es hier nie gegeben, auch kein blondes Weib am Wasser, das mit Kämmen und Gesang die Schiffer ins Verderben zieht. Die hat erst 1800 der Dichter Brentano erfunden, und Heinrich Heine hat sie dann unsterblich gemacht.

Two magnificent landmarks of the Rhine lie above St. Goarshausen. The castle of the Counts of Katzenelnbogen is known simply as "the Katz". (The counts dismissed the rival castle of Deurenburg nearby as "the Mouse"). The 400 ft high slate cliff in the background is the notorious Loreley, home of the blonde maiden whose song lured the sailors of the Rhine to a watery grave. The dangers of the massive crag were real; the mysterious maiden is pure 19th century, invented by the Romantic writer Brentano and subsequently immortalized in a poem by Heinrich Heine.

La langue populaire a toujours appelé «le Chat», le château des comtes hessois de Katzenelnbogen. Un peu plus loin en aval, se dressait le château ennemi de Deurenburg dit «la Maus» «la Souris» ainsi que le nommaient avec mépris les seigneurs «du chat». A l'arrière-plan, le rocher de la Loreley, haut de 132 mètres n'a jamais été habité par une sirène qui chantait en peignant ses longs cheveux blonds. Le poète Brentano l'a inventée en 1800 avant que Heinrich Heine ne l'immortalise à jamais.

Am 1. Januar des Jahres 1814 stiegen hier 200 Brandenburger in die Kähne. Nach der Völkerschlacht bei Leipzig trieben die Preußen Napoleon zurück über den Rhein, und Marschall Blücher, auf dem Vormarsch, überschritt bei Kaub den Rhein. Die malerische „Pfalz", die Zollstelle Pfalzgrafenstein, von König Ludwig aus Bayern 1327 hier errichtet, damit auch die geistlichen Kurfürsten endlich ihren Zoll beglichen auf dem Rhein, sieht selber wie ein Schiffchen aus.

At Kaub the Rhine forces its way through a narrow gorge. With its castle above and islet below, Kaub was an obvious site for collecting river duties, and indeed the boatshaped customs house with the impressive name of Pfalzgrafenstein fulfilled that task for several hundred years. Kaub has also gone down in history as playing a part in the story of those two arch-rivals, the French Emperor Napoleon and the formidable Prussian Marshal Blücher. Blücher crossed the river at Kaub to ensure, that Napoleon was finally driven back over the Rhine and out of Germany.

C'est à cet endroit que s'embarquaient 200 Prussiens, le 1er janvier 1814. Napoléon avait dû repasser le Rhin après la bataille de Leipzig. Le maréchal Blücher, son poursuivant, traversa le fleuve à Kaub. Au milieu du Rhin, le roi Ludovic de Bavière fit ériger en 1327, le pittoresque château-fort de la Pfalz sur le «Pfalzgrafenstein» afin que les princes électeurs avares payent enfin les droits de péage sur le Rhin.

„Zu Bacharach am Rhein / soll sein der beste Wein". - So heißt es in einem Trinklied des 17. Jahrhunderts. Das schöne Städtchen bei Burg Stahleck hat nach dem Wein sogar den Namen: Bacchiara hieß es in der Römerzeit. Im vierzehnten Jahrhundert bekam der Weinort Stadtrecht und ringsum eine Mauer, die noch gut erhalten ist. Hier wird der „Volksheilige" Werner verehrt, ein Knabe, den man in Bacharach erschlagen haben soll. Die Kapelle zu seiner Legende, auch heute noch gotisches Wahrzeichen der Stadt, wurde 1689 zerstört.

According to the 17th century drinking song, "It's in Bacharach on the Rhine that you'll find the best wine". And indeed, this charming little town near Stahleck Castle even takes its name from Bacchus, the Roman god of wine. Bacharach was granted its town charter in the 14th century. Werner, a youth said to have been beaten to death in the town, is revered as a popular saint. The chapel erected in his honour, which is still the Gothic landmark of Bacharach, was destroyed by French troops in 1689.

«C'est à Bacharach sur le Rhin qu'on boit le meilleur vin» déclame une chanson à boire du 17ème siècle. La jolie petite ville près du château Stahleck doit même son nom au vin; Bacchiara, autel de Bacchus, disait-on à l'époque romaine. Ce fief du vin reçut les droits communaux et un mur d'enceinte au 14ème siècle. On y vénère le jeune Werner, un saint du peuple qui aurait été assassiné dans la ville. La ruine de la Sankt Werner-Kapelle est un charmant témoignage gothique de la ville.

Die allegorische Figur der Rheinromantik ist die Loreley. Ihre romantische Schwester Germania wird in der Kaiserzeit die stattliche Verkörperung von deutscher Art und Wehrhaftigkeit, und nach dem Sieg von 1871 erhielt sie auf dem Niederwald bei Rüdesheim, gegenüber Bingen und Burg Rheinstein, ihr Denkmal hoch über dem Rhein. Angeblich schaut sie wachsam nach Frankreich, doch das liegt ganz woanders - ungefähr da, wohin der Friedensengel rechts am Sockel blickt.

Germany is not the only European country to have personified itself as a rather daunting female personage dressed in a cumbersome, if classical, manner. Germania stands on her pedestrial high over the Rhine near Rüdesheim to celebrate the defeat of France and the unification of Germany in 1871. It was no accident that the statue was erected here, on the great artery of the Rhine and at a place that had once marked the border of a divided Germany. Germania is supposed to gaze vigilantly towards France, but her sense of direction is unfortunately very poor.

La Loreley est l'allégorie du Rhin romantique. Sa sœur Germania incarnait les qualités allemandes au temps des empereurs. On érigea une statue en son honneur après la victoire de 1871. La Germania, haute de 10,50 mètres, se dresse sur le plateau du «Niederwald» près de Rudesheim, en face de Bingen et du château «Rheinstein». On dit que son regard vigilant est tourné vers la France, mais en vérité, notre pays voisin est situé dans la ligne de vision de l'ange de la paix sculpté sur le socle droit.

Am 13. Januar 1793 pflanzten die Mainzer gleich neben dem Dom einen „Freiheitsbaum". Noch heute erinnert dort ein Stern im Asphalt an den Mainzer Versuch mit der Republik nach französischem Muster. Kaum jemand in Deutschland erinnert sich daran. Dafür lernt jedes Kind in der Schule, daß hier Johannes Gutenberg um 1440 den Buchdruck mit gegossenen beweglichen Lettern erfunden hat. Die Hauptstadt von Rheinland-Pfalz sitzt auf dem linken Ufer des Rheins. Gleich gegenüber ist die hessische Hauptstadt Wiesbaden.

The Romans made Mainz into a provincial capital; now it is the capital of the state of Rhineland-Palatinate. Mainz was the stage for one of the world's greatest revolutions, a peaceful one at that, for it was here that Johannes Gutenberg perfected his technique of printing books with movable metal type. There is a working reconstruction of his press in the Gutenberg museum in Mainz, with authentically-dressed printers turning out souvenirs. Poor Gutenberg had to sell his magnificent books to his debtors before he died, povertystricken, in 1468.

Le 13 janvier 1793, les habitants de Mayence plantaient un arbre de la liberté à côté de la cathédrale. Aujourd'hui encore, une étoile dans l'asphalte rappelle cette tentative des Mayençais d'établir une République d'après le modèle français. Si les enfants n'apprennent plus cet épisode à l'école, on leur enseigne que c'est à Mayence que Jean Gutenberg inventa l'imprimerie en 1440. La capitale de la Rhénanie-Palatinat est située sur la rive gauche du Rhin, juste en face de la ville d'eau de Wiesbaden.

Die Vorstellung von Volksherrschaft, von Demokratie, ist in Deutschland mit der Frankfurter Paulskirche verknüpft. Hier trat im Mai 1848 die erste deutsche Nationalversammlung zusammen. Hier wurde eine Reichsverfassung beschlossen, noch ehe es ein Reich gab. Der Preußenkönig lehnte eine Kaiserkrone aus der Hand des Volkes ab, 1851 wurden die Beschlüsse wieder aufgehoben, ihre Grundsätze aber wirkten bis ins deutsche Grundgesetz hinein und gelten so noch immer.

Frankfurt, famous for its sausages, its banks, its airport and its Book Fair, also has its place in the history of modern Germany. It was in 1848, within the austere surroundings of the Church of St. Paul, that the first attempt was made to unite the fragmented regions in the centre of Europe into one German nation. The venture was doomed to failure, but the principles laid down were not lost, and were to influence the Constitution of the Federal Republic of Germany created just over a century later.

L'idée de démocratie, de gouvernement par le peuple, est en Allemagne liée à l'église Saint-Paul ou «Paulskirche» de Francfort. La première Assemblée Nationale allemande y siégea en mai 1848. Une première constitution impériale y fut établie, mais le roi de Prusse refusa d'accepter la couronne impériale des mains du peuple. Si les résolutions furent annulées en 1851, leurs principes forment toujours les bases de la constitution actuelle. Les anciens édifices de la place du «Römerberg» sont aujourd'hui entourés des palais de verre du monde financier.

Ein Krämer aus Nürnberg, der unterwegs nach Frankfurt war, soll sich in dieser Landschaft auf ein Stoßgebet besonnen haben: „Mein Gott, du hast mir aus dem Mutterleib geholfen, du wirst mir auch aus dem Spessart helfen." Die Einsamkeit der großen Wälder ist heute nicht mehr furchterregend. Die alte Räuberhöhle dieser Gegend, das historische „Wirtshaus im Spessart", fiel 1959 der Autobahn zum Opfer. Märchenhaft ist heute noch - wie seit dem 15. Jahrhundert - das abgelegene Schloß Mespelbrunn.

A shopkeeper from Nuremberg who was passing through this region on his way to Frankfurt is said to have prayed: "Oh Lord! Thou hast helped me out of my mother's womb, please help me out of the Spessart, too." But today the emptiness of the huge forests is no longer frightening. In 1959 the historic "Spessart Tavern", a former meeting-place for thieves and robbers, was pulled down to make way for a motorway. The remote palace of Mespelbrunn has lost none of its charm over five centuries.

Un épicier de Nuremberg, en route pour Francfort, aurait adressé au ciel une instante prière quand il se retrouva dans les parages de Mespelbrunn: «Mon Dieu, tu m'as aidé à sortir des entrailles de ma mère, aide-moi aussi à sortir du Spessart.» La solitude des forêts immenses n'est plus menaçante de nos jours. Les vieilles antres des voleurs et l'auberge historique du Spessart ont disparu durant la construction de l'autoroute en 1959. Seul, le château isolé de Mespelbrunn possède toujours la même splendeur qu'au 15ème siècle.

Westlich an den Spessart grenzt der Odenwald, geschichtsträchtiges Kulturland mit schönen Städtchen wie Michelstadt und Amorbach. Am Nordportal des Domes in Worms hat der Dichter des Nibelungenliedes - er lebte in jenen Tagen, als das Gotteshaus entstand - sich den Streit zwischen den Königinnen Kriemhild und Brünhild vorgestellt. Ein Kaiser legte 1030 in Speyer den Grundstein, acht Könige und Kaiser liegen hier begraben: Der Kaiserdom beherrscht das Bild der alten Stadt am Rhein, seit der 900-Jahr-Feier 1961 fast wieder in der ehemaligen Gestalt.

To the west of Spessart lies the Odenwald. Its little towns have hardly changed down the ages. The whole area is closely connected with the great saga of the Nibelungs, used by Wagner in his "Ring" cycle. Speyer is dominated by its cathedral beside the Rhine. It is a majestic building dating from 1030. The splendid crypt contains the graves of numerous German emperors, kings and bishops. Outside the west door stands a decorated stone basin that was placed here in 1490 for an unusual purpose. Every time a new bishop was enthroned, the basin was filled with wine.

Worms s'étend dans la région fertile de l'Odenwald à 400 mètres de la rive gauche du Rhin qui baignait jadis ses murs. La cathédrale Saint-Pierre est le plus ancien édifice de la ville médiévale riche en légendes et histoire. Elle est étroitement liée au saga des Nibelungen que Wagner reprit dans sa plus grande œuvre. Luther y fit sa profession de foi devant la diète de 1521 réunie par Charles-Quint. Spire (Speyer en allemand) est dominée par la plus grande cathédrale d'Allemagne. En 1030, un empereur salique posait la première pierre du remarquable édifice roman.

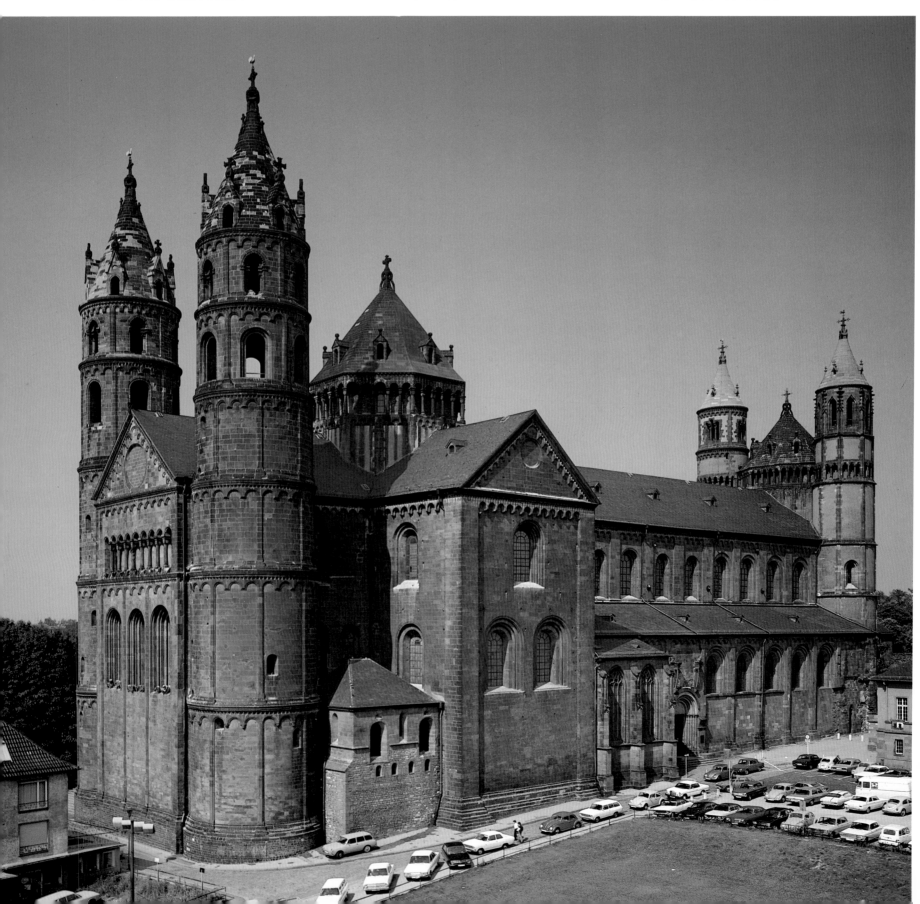

Saarbrücken ist die Hauptstadt desjenigen Bundeslandes, das erst 1957 endgültig zur Bundesrepublik kam. Vorher hatte es über Jahrhunderte eine immer wechselnde Zugehörigkeit, mal zu Deutschland, mal zu Frankreich. Das Land ist ein Industrierevier mit rund einer Million Einwohner. Kohle und Stahl haben es über Generationen geprägt. Die Stadt Saarbrücken, am Rand der Republik, vereinigt heute die Denkmäler ihrer fürstlich-barocken Vergangenheit mit modernen Kongreß- und Verwaltungsgebäuden.

Saarbrücken is the capital of the state of Saarland, which did not join the Federal Republic till 1957. It stands near the French border and takes its name from the River Saar, best known for its light, delicious wines. Saarbrücken, was originally a Roman town, and some remains of this time can still be seen. There are also many Baroque buildings of note, though the Industrial Revolution changed the face of the town radically and nowadays there are plenty of modern buildings too, including a university and a large trade fair centre.

Saarebruck est la capitale du «Land» allemand qui n'a été définitivement rattaché à l'Allemagne fédérale qu'en 1957. La ville-frontière réunit aujourd'hui les monuments de son passé princier de l'époque baroque et les édifices modernes des congrès et administrations. Heidelberg, est merveilleusement située à l'entrée de la jolie vallée du Neckar. La ville est célèbre par son université, une des plus anciennes d'Allemagne, par le château du 14e siècle qui la domine et par son atmosphère romantique que l'on retrouve à chaque coin.

„Ich rüm dich Haidelberg", sang Oswald von Wolkenstein im Mittelalter und 1927 hieß es dann im Operettenton: „Ich hab mein Herz in Heidelberg verloren". Hier sammelten Brentano und Achim von Arnim die Lieder für „Des Knaben Wunderhorn", in ihrem Umkreis von Malern und Dichtern entstand die „Heidelberger Romantik", eine der bedeutenden Epochen der deutschen Kulturgeschichte. Beliebtes Motiv war schon damals das Schloß hoch über dem Neckar, jahrhundertelang ein Palast, seit 1693 eine Ruine - doch stimmungsvoll wie eh und je.

"Heidelberg, I praise thee", sang the much-travelled mediaeval poet Oswald von Wolkensein, "I lost my heart in Heidelberg", carolled the singers of the nineteen-twenties in a romantic foxtrot. Heidelberg, (see previous page), one of the most famous cities in Germany, has long been an inspiration for poets and painters. It also has one of Germany's oldest universities and a good many scientific institutes, but it is the old bridges, the Baroque houses and the great castle overlooking the town that make Heidelberg into one of Germany's best known tourist attractions.

«Je te loue Heidelberg», chantait Oswald von Wolkenstein à la fin du Moyen Age. C'est dans cette ville universitaire réputée que Brentano et Achim von Arnim composaient les chansons pour «le Cor merveilleux de l'enfant». Le romantisme d'Heidelberg, une des périodes les plus importantes de la culture allemande, naquit dans le groupe de poètes et de peintres dont faisaient partie les deux artistes. Un des motifs préférés de l'époque était déjà le château en ruines, mais si impressionnant, qui domine le Neckar.

Der alten Residenzstadt gegenüber liegt Würzburgs Festung Marienberg, wuchtig, uneinnehmbar auf dem Burgberg. Der Fürstbischof Julius Echter von Mespelbrunn ließ die wehrhafte Zitadelle zum Barockpalast erweitern. Auch Balthasar Neumann hat sich hier wie überall im fränkischen Barock verewigt. Aus dem Barock stammen auch die Heiligenfiguren auf der alten Mainbrücke. Unterhalb der Mauern wächst der würzige Frankenwein, den nicht nur Goethe allen Weinen vorzog.

Overlooking Würzburg is the mighty fortress of Marienberg. The price-bishop Julius Echter of Mespelbrunn had the well-fortified citadel turned into a Baroque palace. Here, as in many other towns in Franconia, the Baroque architect Balthasar Neumann gained immortality through his magnificent work. The statues of saints on the old Main Bridge are also Baroque. The fruity Franconian wine that grows here is famous throughout the whole of Germany. Goethe, it is said, preferred it to all other wines.

La Citadelle de Marienberg se dresse, puissante et imprenable, en face de la ville résidentielle. Le prince-évêque Julius Echter von Mespelbrunn fit transformer la citadelle fortifiée en palais de style baroque par l'architecte Balthasar Neumann qui construisit également la Résidence, un des plus beaux monuments d'art baroque. Les figures saintes du Vieux Port étaient aussi du même style. Sous les murs de la ville pousse le vin fruité que Goethe n'était pas le seul à préférer.

Würzburg war schon immer eine Stadt der Türme. Als Kaiser Barbarossa hier Hochzeit hielt mit Beatrice von Burgund, waren rings um den romanischen Dom an die dreißig Kirchen und Klöster zu zählen, und Heinrich von Kleist erlebte die Stadt im engen Tal des Main noch ebenso: „Die Häuser in den Tiefen lagen in dunklen Massen da wie das Gehäuse einer Schnecke, in die Nachtluft ragten die Spitzen der Türme wie die Fühlhörner eines Insekts." Verwirrend ist auch die Vielfalt der Stile innerhalb des alten Festungsgürtels.

Würzburg has always been a city characterized by towers. When Emperor Frederick Barbarossa married Beatrice of Burgundy here in the Middle Ages there were already some 30 churches, convents and monasteries scattered around the Romanesque cathedral. Heinrich von Kleist described the buildings of the town, which lie in the narrow valley of the Main, as looking "like a snail's house while the tips of the tower reached into the night air like the feelers of an insect".

Würzburg a toujours été une ville de tours. On comptait une trentaine d'églises et de cloîtres autour de la cathédrale romane quand l'empereur Barberousse y épousa Béatrice de Bourgogne. Heinrich von Kleist décrivit ainsi la ville: «Les masses des maisons dans la profondeur ressemblaient à des coquilles d'escargots. Les pointes des tours s'élevaient comme des antennes d'insectes.» Tous les styles, le roman, le gothique et le baroque se côtoient à l'intérieur des anciens remparts de la ville.

Rothenburg trägt seinen Namen nach der „roten Burg" einer ausgestorbenen Adelslinie. 1172 erhielt es Stadtrecht, ein Jahrhundert später wurde Rothenburg dann Reichsstadt und mehrte seinen Einfluß im Schutz der Reichsfreiheit um das 14. Jahrhundert. So stammen aus dem 13. bis 15. Jahrhundert die meisten der bedeutenden Bauten der Stadt, das Rathaus mit dem schönen Treppengiebel, das Rödertor, die alte Franziskanerkirche und nicht zuletzt die Mauer, die das mittelalterliche Kleinod fest umgürtet.

Rothenburg takes its name from the "Rote Burg" or "Red Castle" which was once the home of a noble family. In 1172 Rothenburg was granted a town charter. A century later it became a free imperial city and used this status to increase its influence. That is why most of the important buildings in the town date back to the period between the 13th and 15th century. These include the town hall with its beautiful baroque arcade, the Röder Gate, the ancient Franciscan church and not least the protective wall that surrounds this delightful example of mediaeval architecture.

Rothenbourg doit son nom à une lignée de nobles disparue dont la résidence était appelée la «Rote Burg» ou «Château Rouge». La cité reçut les droits communaux en 1172, devint ville libre impériale un siècle plus tard et prit de l'influence au 14ème siècle grâce à la protection de l'Empire. C'est du 13ème au 15ème siècle que datent les monuments principaux de la ville: l'Hôtel de Ville et son escalier, la porte «Rödertor», la vieille église des Franciscains et les murs qui entourent ce vrai joyau du Moyen Age.

Der Markgraf Karl-Wilhelm suchte einst den Fächer seiner Frau, im Hardtwald schlief er ein, da träumte ihm von einer Stadt, die aussah wie ein Fächer. Das ist weit mehr als nur eine Anekdote: Am 17. Juni 1715 legte der Markgraf den Grundstein für ein Jagdschloß „Carlos-Ruhe". Von hier aus führten 32 Schneisen strahlenförmig in den Wald. Inzwischen ist die Stadt vom Schloß bis an den Rhein gewachsen, doch noch heute zeigt sie im Grundriß den absolutistischen Einfall seiner Gründungszeit. Hier in Karlsruhe befindet sich heute auch das Bundes-Verfassungsgericht.

Margrave Karl-Wilhelm, so the story goes, fell asleep in the Hardtwald forest one day whilst looking for a fan his wife had lost there. He dreamt of a city shaped like a fan. On June 17, 1715 the Margrave laid the foundation stone for a hunting logde which he called "Carlos Ruhe" - "Carlo's Rest". Today the town has spread from the palace down to the Rhine but its layout still clearly reveals the absolutist concept behind its creation: like warmth from the sun, all grace emanates from the Regent. Today the German constitutional court is also to be found in Karlsruhe.

Le margrave Charles-Guillaume était à la recherche d'un éventail que son épouse avait perdu. Il s'endormit dans le «Hardtwald» et rêva d'une ville en forme d'éventail. Cette histoire est plus qu'une anecdote: le 17 juin 1715, le margrave posait la première pierre d'un château de chasse, le «Carlos-Ruhe» ou Repos de Charles. La ville aujourd'hui s'étend jusqu'au Rhin, mais on peut encore distinguer l'idée absolutiste de son fondateur: une vision de roi-soleil. Ici à Karlsruhe se trouve actuellement aussi le Tribunal Fédéral Constitutionel.

Stuttgart ist die Hauptstadt des Kunstgebildes Baden-Württemberg, und dies mit großem Erfolg. Das Land der Weingärtner, der Schwaben und der Badener gilt heute stolz als „Musterländle", führend in moderner Technologie. Auch die Landeshauptstadt umspannt diese scheinbaren Gegensätze: Stuttgart ist noch immer die drittgrößte Weinbaugemeinde im Südwesten und die Heimat des Automobilbaus. Als Schiller hier die Militärakademie besuchte, war der Schloßplatz ein sandiger Exerzierplatz. Heute lädt er ein zum Bummeln.

Stuttgart is the flourishing capital of the state of Baden-Württemberg, a region famous for its wine and its industry. And these two quite contrasting sectors also determine the economic life of Stuttgart. It is still the third biggest wine-growing town in the south-west and is also a major car manufacturing centre. When Friedirch Schiller attended the military academy here, the Schloßplatz square was a sandy parade ground. Today it is a pleasant place for a stroll.

Stuttgart est la capitale cultivée et prospère du Bade-Wurtemberg. La contrée des vignobles, des Souabes et des Badois s'enorgueillit aujourd'hui d'être un «Land» modèle, à la tête de la technologie moderne. Stuttgart est à la fois le fief de construction automobile et la troisième ville viticole du Sud de l'Allemagne. La cour du château servait à l'exercice à l'époque où Schiller fréquentait l'académie militaire. C'est un lieu de promenade favori aujourd'hui.

Das nahe Ludwigsburg wuchs langsam um das Schloß herum, das nach 1704 hier entstand als dritte württembergische Residenz neben Stuttgart und Tübingen. Es ist das gewaltigste Barockschloß, das sich auf deutschem Boden findet. Tübingen ist heute weniger als Residenz bekannt, es gilt als Stadt der Dichter und Denker. Die Eberhard-Karls-Universität von 1477 hat eine Reihe von bedeutenden Gelehrten hervorgebracht, hier las Melanchthon, und hier gab Ernst Bloch seine „Tübinger Einleitung in die Philosophie".

North of Stuttgart lies the palace of Ludwigsburg, around which a town was laid out in 1709. New residents were easily attracted by the promise of free building sites and material, and 15 years without taxes. Tübingen is renowned for its venerable and highly-regarded university, and also for the number of famous Germans who have studied here. The picturesque streets of the old town lead down to the quiet River Neckar, where students can normally be found punting on hot summer days.

La ville de Ludwigsburg poussa lentement autour du château édifié à partir de 1704 pour devenir la troisième résidence wurtembourgeoise après Stuttgart et Tubingen. Le château est le plus grand ensemble d'art baroque sur le sol allemand. Tubingen est connue aujourd'hui comme la ville des poètes et des penseurs. Le poète Friedrich Hölderlin y mourut en 1843. La tour qui fut sa dernière demeure est transformée en musée. La vieille université fondée en 1477 a compté le théologien Melanchthon et le philosophe Ernst Bloch parmi ses maîtres.

Seit niemand mehr die Preußenkrone trägt, krönt sie den schönsten Berg in Schwaben. Am Nordrand der Schwäbischen Alb steht das Schloß Hohenzollern, der Stammsitz des alten Adelsgeschlechts, dessen brandenburgisch-preußische Linie nach 1871 alle deutschen Kaiser stellte. Die große Waldregion im Rheinknick setzt sich zusammen wie ein Mosaik von Wäldern: Mauswald, Mooswald, Hotzenwald, Weißwald, Kohlwald, Zipfelwald, Berglewald und viele mehr. Bekannt sind alle unter einem Namen: Schwarzwald.

Hohenzollern, looking like a fairytale castle straight from Walt Disney, can be seen for miles around. It could be Snow White's palace, with its Gothic towers and thickly wooded slopes falling away to all sides, but Snow White is certainly older than these walls, for the castle is nearly all of 19th century construction. It was the seat of the family of Hohenzollern, which produced all the German Emperors after 1871. East of Lake Constance, the Rhine sweeps northwards in a great curve around the edge of the Black Forest, which is really a collective name for a myriad of small forests.

Depuis qu'elle n'est plus portée par un roi, la couronne de Prusse orne la plus jolie montagne de la Souabe. Le château de Hohenzollern, berceau de la lignée des Brandenbourgeois-Prussiens d'où sont sortis les empereurs allemands après 1871, est situé au Nord du Jura souabe. La grande région boisée au coude du Rhin ressemble à une mosaïque de forêts: le Mauswald, Mooswald, Hotzenwald, Weisswald, Kohlwald et bien d'autres. Ces bois sont tous groupés sous un nom commun: la Forêt-Noire.

Freiburg liegt in einer Einbuchtung der Rhein-ebene in den Schwarzwald, der Freiburger Bucht, in der ein ausgesprochen mildes Klima herrscht. Von 1368 bis 1805 gehörte Freiburg zu Österreich. Den Münsterplatz schmücken prächtige Gebäude: „Als schönsten Turm der Christenheit" bezeichnete der Kunsthistoriker Jacob Burckhardt im 19. Jahrhundert das Münster Unserer Lieben Frau. 116 Meter mißt der Turm, mächtig und erhaben, gleichzeitig aber scheinbar leicht wie Filigran. 300 Jahre lang wurde am Münster gebaut.

Freiburg lies in a sheltered valley off the Rhine. After its foundation, it soon became a town of importance and fell into Austrian hands from 1368 to 1805. There are a number of fine buildings to be seen in the minster square. The Minster of Our Lady itself took 300 years to complete, and the 19th century art historian Jacob Burckhardt described it as having the "finest tower in Christendom". The imposing spire is 300 ft high, a mighty yet delicate structure.

Fribourg est située en Forêt-Noire, dans une infractuosité de la plaine rhénane. La ville était une possession autrichienne de 1368 à 1805. De magnifiques édifices entourent la place du Münster gothique dédié à la Vierge. La tour de l'église, haute de 116 mètres, fut appelée «la plus jolie tour de la chrétienté» par l'historien d'art Jacob Burkhardt qui vécut au 19e siècle. Carrée à sa base, octogonale à un tiers de la hauteur, elle se termine par une légère flèche en pierre, d'un travail admirable de filigrane.

Wenn alle Menschen dieser Erde baden gingen - und alle täten dies im Bodensee zur selben Zeit: um wieviel stiege dann nach Archimedes wohl das Wasser? Um ganze zehn Zentimeter, so groß ist der See, mit 539 Quadratkilometern nach dem Genfer See der zweitgrößte in Westeuropa, und wegen der Krümmung der Erdoberfläche vom Ufer aus in seiner Länge nie zu überblicken. Drei Länder treffen hier zusammen, die Schweiz mit drei Kantonen, Österreich mit Vorarlberg, die Bundesrepublik mit Baden-Württemberg und Bayern.

If all the people on this planet went for a swim in Lake Constance, according to Archimedes' principle, how much would the level of the lake rise by? Just ten centimetres - that is how vast the lake is. Covering an area of 539 square kilometres, it is the second biggest lake in western Europe after Lake Geneva. Because of the Earth's curvature, you can never see from one end of it to the other. Three countries meet here: Switzerland with three cantons, Austria with the Vorarlberg province, and the Federal Republic of Germany's states of Baden-Württemberg and Bavaria.

De combien l'eau s'élèverait-elle, selon le principe d'Archimède, si tous les gens du monde allaient se baigner en même temps dans le lac de Constance ? Vu la superficie du lac, 539 kilomètres carrés, elle monterait de 10 cm! Le lac de Constance est le deuxième lac d'Europe de l'Ouest après le lac de Genève. Ses rives très découpées ne permettent pas une vue d'ensemble de toute sa longueur. Trois pays se rencontrent sur ses rives: la Suisse, l'Autriche et l'Allemagne.

Im württembergischen Ort Friedrichshafen stach 1824 das erste deutsche Dampfschiff in See, und 1908 begann Graf Zeppelin hier mit dem Bau von „fliegenden Zigarren". Lindau, die schöne Inselstadt, ist bayerisch, und das seit 1805: der Löwe auf der Hafeneinfahrt tut das jedermann kund. Zugleich ist Lindau die südlichste Stadt in der Bundesrepublik, Bregenz, auf dem Ufer gegenüber, ist österreichisch, das alte St. Gallen mit dem vielgerühmten Kloster gehört schon zur Schweiz, genauso wie die ewig weißen Alpengipfel.

In 1824 the first German steamship set out from the Württemberg port of Friedrichshafen. And it was here too in 1908 that Count Zeppelin started building airships. The beautiful island town of Lindau has belonged to Bavaria since 1805, as is proudly indicated by the statue of the Bavarian lion at the harbour en-trance. Lindau is also the Federal Republic of Germany's southernmost town. Bregenz just opposite is already in Austria. The ancient city of St. Gallen with its celebrated monastery is in Switzerland, as are the snow-capped Alps in the background.

Le premier navire à vapeur allemand fut mis à l'eau en 1824 dans la ville wurtembourgeoise de Friedrichshafen. C'est là également que le comte Zeppelin commença la construction de son « cigare volant ». Lindau, jolie ville sur l'île, est bavaroise depuis 1905. Le lion à l'entrée du port témoigne de sa nationalité. Bregenz, sur la rive opposée, appartient à l'Autriche et Saint-Gallen avec son cloître illustre, fait déjà partie de la Suisse, tout comme les neiges éternelles sur la cime des pics alpins.

Annette von Droste-Hülshoff, die Dichterin der „Judenbuche" stammte aus Westfalen. Sie starb in Meersburg, und sie lebte hier im Alten Schloß des Freiherrn von Laßberg, der ihr Schwager war. Das Alte Schloß am Bodensee ist die älteste bewohnte Burg in Deutschland. Es steht hier seit dem 7. Jahrhundert und gab dem Ort am „Schwäbischen Meer" seinen Namen. Gut tausend Jahre jünger ist das „Neue Schloß", bis 1750 nach den Plänen von Balthasar Neumann erbaut. Heute dient es zeitgemäß als „Haus des Gastes".

The ancient settlement of Meersburg with its two castles is surrounded by vineyards that slope steeply down to the shores of Lake Constance. A few miles away, the typically South German Rococo church of Birnau overlooks the lake, while in Unteruhldingen there is an extraordinary open-air museum. A whole Stone Age village has been reconstructed here, with houses built on tall wooden stilts in the shallow waters at the edge of the lake. The designers are based on numerous archaeological finds in the area.

La poétesse Annette von Droste-Hülshoff, auteur du «Hêtre aux Juifs», est née en Westphalie. Elle mourut à Meersbourg où elle vivait dans le château de son beau-frère, le baron von Lassberg. La vieille demeure féodale sur le lac de Constance est le plus ancien château habité en Allemagne. Il existe depuis le 7ème siècle et a donné son nom au lieu dit sur le «lac souabe». Le «nouveau château» construit en 1750 d'après les plans de Balthasar Neumann sert aujourd'hui de «maison d'amis».

Berühmte Inseln hat der Bodensee, Mainau ist weit kleiner als Reichenau und kleiner auch als Lindau – für Blumenfreunde aber ist das 45 Hektar große Eiland ohne Konkurrenz die größte. Schon 1827 pflanzte hier Fürst Esterhazy fremdländische Bäume an, seit 1930 gehört die Insel Graf Lennart Bernadotte, der sie zum Blumenparadies verwandelt hat. Rund um das Schloß, der alten Komturei des Deutschherrenordens aus dem 18. Jahrhundert, verwandelt Mainau sich von März bis Oktober in ein Blütenmeer mit eigenen Gezeiten.

The islands of Lake Constance all have their own interesting history. Mainau, which is privately owned by a member of the Swedish Royal Family, is a gardener's paradise with magnificent flowers, trees and exotic plants. Lindau was once one of the area's most important trading centres. Reichenau, the largest island, lies at the eastern end of the lake. In the 8th century, an Irish monk settled here and founded the Benedictine monastery of Mittelzell, later one of the most significant cultural centres north of the Alps. Reichenau's three oldest churches still exist.

Le lac de Constance possède des îles bien connues. Mainau est plus petite que Reichenau et Lindau, mais les amateurs botanistes s'enthousiasment pour cet îlot de 45 hectares. En 1827, le prince Esterhazy y faisait planter des espèces rares d'arbres. Depuis 1930, l'île appartient au comte Lennart Bernadotte qui l'a transformée en un paradis fleuri. De mars à octobre, une marée de fleurs entoure le château, ancienne commanderie de l'ordre teutonique du 18ème siècle.

Wie ein Traum aus Hollywood, so liegt Neuschwanstein hoch über der Pöllatschlucht. Doch nicht Walt Disney führte hier Regie, es war ein königlicher Einfall, dem Neuschwanstein seine Existenz verdankt. Der exaltierte Bayernkönig Ludwig II., ein Freund von Richard Wagner eher als ein Freund der Politik, ließ nach 1868 hier ein Schloß errichten „im echten Stil der alten deutschen Ritterburgen", wie er glaubte: ein Märchen ganz in Weiß, innen auf das prächtigste gestaltet und ausgemalt mit Motiven nach Wagner.

Situated high above the Pöllat gorge, the palace of Neuschwanstein looks like some Hollywood producer's dream. But its history goes back further than that of the silver screen. The palace was commissioned in 1868 by King Ludwig II of Bavaria, an eccentric monarch who was more interested in the music of Richard Wagner than in politics. And he ordered it to be built in the "style of the ancient German knights' castles". To Ludwig this meant a splendid fairy-tale edifice built of white stone and decorated inside with Wagnerian motifs.

Le château de Neuschwanstein qui se dresse au-dessus de la gorge de Pöllat, évoque un décor hollywoodien. Il n'est pourtant pas sorti de l'imagination de Walt Disney, mais de celle d'un jeune roi exalté et romantique. Louis II de Bavière, plus proche de Wagner que de la politique, fit ériger à partir de 1868 un château «dans le vrai style des anciens châteaux des chevaliers allemands». Un conte de fée tout blanc, somptueusement aménagé et décoré à l'intérieur de motifs wagnériens.

Linderhof im nahen Graswangtal sieht aus wie ein Kleinod des Rokoko, aufbewahrt wie eine Perle inmitten einer kunstvoll überhöhten Landschaft. Doch auch hier war Bauherr jener Ludwig, der sich am Vergangenen berauschte, weil er mit der Gegenwart nicht zurechtkam. Wer seine Traumgebilde heute sieht, mag ahnen, wie es in Bayern vor einem Jahrhundert mit der Staatsfinanz bestellt war. 1886 wurde der menschenscheue König entmündigt, und seine Minister kamen erstmals nach Neuschwanstein, um ihn von seiner Absetzung zu unterrichten.

Linderhof in the nearby Graswang valley looks like a Rococo pearl embedded in a landscape that has been raised up artificially. It, too, was commissioned by King Ludwig of Bavaria who was intoxicated with the past because he could not cope with the present. Looking at his dream palaces, it is not hard to imagine the parlous financial state Bavaria was in a century ago. In 1886 the reclusive king was declared unfit to rule. His ministers paid their first visit to Neuschwanstein to inform him that he had been deposed.

Le château de Linderhof, dans la vallée proche de Graswang, ressemble à un joyau baroque serti dans un paysage précieux. Louis II. qui fuyait le présent, voulait un cadre dans lequel il pourrait revivre les fastes du passé. Ses folles dépenses vidèrent les caisses de l'Etat bavarois. En 1886, les ministres du roi se rendirent pour la première fois au château de Neuschwanstein : Ils venaient notifier sa déchéance au jeune monarque misanthrope.

Neben den Erzeugnissen von Ludwigs Lust gibt es auch das schönste bayerische Barock im „Pfaffenwinkel", wie der Landstrich wegen seiner vielen Kirchenbauten heißt. Um 1330 hatte Kaiser Ludwig hier ein Kloster bauen lassen. Das brannte 1774 nieder und wurde nun ein zweites Mal erbaut - nun mit einer gewaltigen barocken Kuppel, die den zwölfeckigen Vorgängerbau aus der Gothik buchstäblich ins Monumentale überhöht. Im nahen Hügelland steht auch das Diadem im Kranz barocker Kirchenbauten: die Wieskirche von Domenikus Zimmermann.

In addition to the products of Ludwig's fantasy, Bavaria also has many outstanding Baroque ecclesiastical buildings to offer like the monastery at Ettal. Built around 1330 by Emperor Ludwig, it burnt down in 1774 but was reconstructed and given a Baroque dome which turned the former twelve-sided Gothic building into a monumental structure. Located in the hilly region nearby is a gem among Baroque churches: the Wieskirche built by Dominicus Zimmermann.

Outre les créations de Louis II., le coin des dévots ainsi qu'on nomme cette contrée où pullulent les églises, abrite également de très beaux édifices baroques. En 1330, l'Empereur Ludovic de Bavière avait fait construire un cloître en cet endroit. Après son incendie en 1774, il fut rebâti et surhaussé d'une impressionnante coupole baroque. Un des joyaux de l'art rococo bavarois se dresse sur une colline environnante: l'église de pèlerinage de Wies bâtie par Dominikus Zimmermann.

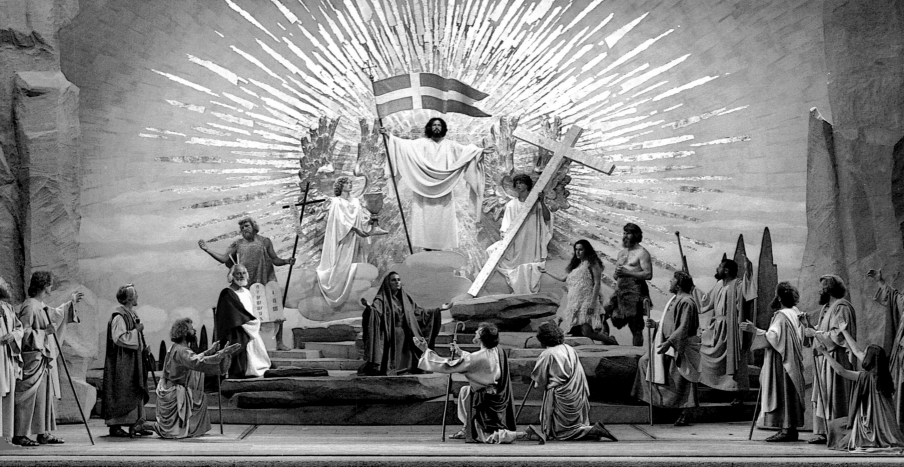

Die Schnitzer von Oberammergau standen schon im Jahre 1520 in dem Ruf, das Leiden Christi so zierlich zu schnitzen, daß man es in einer Nußschale unterbringen konnte. Seit der Pest von 1633 bringen sie es lebensgroß zur Geltung. Sie taten ein Gelübde und spielten 1634 erstmals ihr Passionsspiel. Seit 1680 wird es alle zehn Jahre aufgeführt, früher in der Kirche, heute im eigenen Festspielgebäude, doch immer, wie sie es versprachen, mit den eigenen Leuten: Neun Sommer lang wird hart gearbeitet, im zehnten Jahr ist man Apostel.

Even in 1520 the wood-carvers of Oberammergau had the reputation of portraying Christ's Passion so delicately that it could fit into a nutshell. In 1634, in fulfilment of a vow made during an outbreak of the plague, the people of Oberammergau performed a passion play for the first time. Since 1680 it has been given at ten-year intervals. The play used to be staged in the church but is now performed in a special building. And, as they promised in their vow, the passion play is performed only by the villagers themselves, who rehearse every summer for nine years.

En l'an 1520, les sculpteurs sur bois du village avaient déjà la réputation de sculpter des scènes si délicates de la Passion de Jésus-Christ qu'elles tenaient dans une coquille de noix. Après une épidémie de peste en 1633, ils firent le vœu de recréer le supplice du Christ, grandeur nature, tous les dix ans. Cette représentation de la Passion qui se déroulait autrefois dans l'église, a maintenant son propre théâtre. Les villageois, agriculteurs ou artisans de la commune, deviennent apôtres à chaque décennie.

Wer zu dem bekannten Wintersportplatz lässig „Garmisch" sagt, dem kann es passieren, daß er schief beguckt wird: Erst 1936, anläßlich der Olympischen Winterspiele, wurden die getrennten Orte Garmisch und Partenkirchen zusammengelegt. Der Kurort liegt am Nordhang des Wettersteingebirges mit Deutschlands höchstem Gipfel, der Zugspitze. 2964 Meter ist sie hoch, und es gibt viele Möglichkeiten, die letzten zweitausend Meter bis zum Gipfelkreuz zu überwinden. Als schönste Route gilt der Aufstieg durch das Höllental.

It isn't considered tactful to refer to the famous winter sports resort as simply „Garmisch". After all, it was only in 1936 that Garmisch and Partenkirchen were amalgamated, for the Winter Olympics. The resort is situated on the north slope of the Wetterstein Mountains, which includes the Zugspitze, at nearly 10,000 ft Germany's highest mountain. There are several ways of negotiating the last 6000 ft to the summit. The most beautiful route is probably the ascent through the Höllental Valley.

On peut vous regarder de travers si vous dites Garmisch en parlant de la célèbre station de sport d'hiver. Elle s'appelle Garmisch-Partenkirchen depuis que les deux villages ont été réunis à l'occasion des sports olympiques d'hiver de 1936. La station est située sur le versant Nord du massif de «Wetterstein» que domine le plus haut sommet d'Allemagne: la «Zugspitze» (2964 mètres). La plus jolie route pour atteindre la croix qui se dresse sur son pic traverse la vallée dite «Höllental».

Als Ludwig I. 1825 den Bayernthron bestieg, gelobte er, aus München eine Stadt zu machen, „die Teutschland so zur Ehre gereichen soll, daß keiner Teutschland kennt, wenn er nicht München gesehen hat". Unter ihm und Max II. entstanden die Prachtboulevards, die Ludwigstraße und das Maximilianeum, der heutige Sitz des bayerischen Landtages. Theodor Fontane sagte, München sei „die einzige Stadt, wo Künstler leben können". Zur Zeit des zweiten Ludwig lebten allein 7000 Bildhauer und Maler in der Musen-Metropole.

When Ludwig I became King of Bavaria in 1825, he vowed that he would turn Munich into a city "which would bring such distinction to Germany that no one could claim to know this country if he weren't acquainted with Munich" . Under Ludwig I and his son Maximilian II, the city's magnificent boulevards, the Ludwigstraße and the Maximilianstraße, were built, and also the Maximilianeum, today the seat of the Bavarian Parliament. In Ludwig II's time, there were no less than 7000 sculptors and painters living in this metropolis of the muses.

En montant sur le trône de Bavière en 1825, Louis Ier promit de faire de Munich une ville qui «contribuerait tant à l'honneur de l'Allemagne que personne ne pourrait dire connaître le pays s'il n'avait pas vu Munich». C'est sous son règne et celui de Max II que naquirent les somptueux boulevards, la «Ludwigstrasse» et la Maximilianstrasse ainsi que le «Maximilianeum», siège actuel du Parlement bavarois. Théodore Fontane a affirmé de Munich «qu'elle était la seule ville où des artistes pouvaient vivre». 7000 sculpteurs et peintres y résidaient au temps de Louis II.

Abseits der barocken Kirchenbauten und abseits der königlich-bayerischen Monumentalarchitektur, abseits von Hofbräuhaus und Feldherrenhalle, von Pinakothek und Deutschem Museum liegt im Westen das Barockschloß Nymphenburg, bekannt durch Ludwigs Lola Montez und sein Porzellan; im Norden der Stadt ist 1972 der Olympiapark aus dem Boden gewachsen, die Sportanlagen wie mit Zelten überdacht. Hier steht das neue Wahrzeichen der Stadt, der Olympiaturm 290 Meter hoch, mit drehbarem Restaurant in 192 Meter Höhe.

To the west of the city, at some distance from the Baroque churches and the monumental architecture conceived by Bavaria's monarchs, from the Hofbräuhaus and the Feldherrnhalle (Hall of Generals), the Pinakothek (Art Gallery) and the Deutsches Museum (Science Museum), lies the Baroque palace of Nymphenburg. To the north is the Olympia Park, built for the Munich Olympics in 1972, its roofedover sports areas looking rather like a cluster of tents. Here is the city's new landmark, the Olympia Tower, 290 metres high with a revolving restaurant at 192 metres.

A l'écart des églises baroques et des édifices royaux, de la «Hofbräuhaus», la Brasserie de la Cour et de la Pinacothèque, s'élève à l'Ouest le château baroque de «Nymphenburg» qui renferme une très belle collection de porcelaines et le portrait de la danseuse Lola Montez pour l'amour de laquelle Louis Ier fut contraint d'abdiquer en 1848. Depuis 1972, le Nord de la ville s'est enrichi du Parc olympique. C'est là aussi que se dresse la tour olympique de 290 mètres de haut avec un restaurant tournant à 192 mètres de hauteur.

Schon Tacitus beschrieb die Stadt als glänzend, um 1500 war Augsburg eines der mächtigsten Zentren des Handels nördlich der Alpen. Der Augsburger Bankier Jakob Fugger war der erste, der sagen konnte, daß Karl V. ohne seine Bank nie hätte Kaiser werden können. 500 Jahre lang brauchten die Bürger der wohlhabenden Freien Reichsstadt Ulm, bis sie 1890 den Schlußstein am Turm ihres Münsters setzen konnten, dem mit 161 Metern größten Kirchturm der Welt - ein Meisterwerk alt- und neutgotischer Steinmetzkunst.

Tacitus found Augsburg a splendid town. Founded by the Romans to defend the route to Rome, by 1500 Augsburg bad become one of the most powerful cities in Europe. It was the home of the Fugger family, who controlled the finances - and therefore the destinies - of Emperors and Popes. Ulm MInster has the highest church tower in the world, a masterpiece of Gothic and neo-Gothic stonemasonry. It took 500 years, until 1890, before the citizens of the wealthy free Imperial city could lay the final stone of the 539 ft high spire.

Tacite parlait déjà de la «ville brillante». Vers 1500, Augsburg était un des plus puissants centres commerciaux au Nord des Alpes. Jakob Fugger, un des grands banquiers de la cité, fut le premier à oser dire à son empereur, Charles-Quint, qu'il ne serait jamais devenu empereur sans le soutien de sa banque. Il fallut 500 ans aux habitants de l'ancienne ville libre impériale d'Ulm avant qu'ils ne posent la dernière pierre, en 1890, à la tour de leur cathédrale, qui avec une hauteur de 161 mètres, est la plus haute tour d'église du monde entier.

Nürnberg ist die Stadt von Albrecht Dürer und Hans Sachs, im Reim bekannt als „Schuhmacher und Poet dazu". Im Schutz der Festung „Norimberc" waren Stadt und Bürger groß geworden, dann kauften sie die Burg und waren fortan ihre eigenen Herren. Das war 1427. In seiner „Goldenen Bulle" schrieb Kaiser Karl IV. vor, daß jeder neu gewählte Kaiser hier den ersten Reichstag abzuhalten hatte. So sah die Stadt 32 Könige und Kaiser. Als die Romantiker die Stadt wiederentdeckten, da galt sie als „des deutschen Reiches Schatzkästlein".

Nuremberg's confusion of red-roofed sandstone buildings crowd together on a hillside below the 12th century castle. In the Middle Ages the walled town was so prosperous that to contemporaries, the townspeople's houses looked like palaces. Nuremberg was the town of the mastersingers, later idealized in Wagner's opera, the birthplace of the great artist Albrecht Dürer, the home of some of Germany's greatest goldsmiths, woodcarvers and metalworkers, and a centre for early geographers, mathematicians and scientists. The first pocket watch was invented here.

Nuremberg est la ville d'Albrecht Dürer et de Hans Sachs, connu dans la région comme «cordonnier et poète». La ville et ses citoyens grandirent ensemble à l'abri de la citadelle Nuremberg. Les habitants achetèrent alors le fort et acquirent leur indépendance. C'était en 1427. Dans sa «Bulle d'Or», une véritable Grande Charte de l'Empire, l'empereur nouvellement élu devait tenir le premier «Reichstag» dans la ville. C'est ainsi que Nuremberg vit défiler 32 rois et empereurs au cours de l'histoire.

Vom damaligen Aussehen der Anlage weiß man wenig. Die mittelalterliche Kaiserburg, die heute wieder aufgebaut vor uns steht, wurde unter Kaiser Friedrich Barbarossa (1152-90) begonnen und von seinen Nachfolgern zur Reichsburg ausgebaut. In ihr vereinigte sich die Bauform der Pfalz aus karolingischer Zeit mit derjenigen einer Wehrburg.

Little known of how this looked in former times. The medieval Kaiserburg which was rebuilt as it stands today was begun under Emperor Friedrich Barbarossa (1152-1190) and subsequently extended to an imperial castle by his successors. It combines the style of the Palatinate from Carolingian times with that of a fortified castle.

On sait peu de choses sur l'aspect qu'avait jadis ce site. La construction du fort médiéval, que l'on peut voir aujourd'hui reconstruit, avait commencé sous l'empereur d'Allemagne Frédéric Barberousse (1152-1190) et fût poursuivie par ses successeurs, qui en firent un château-fort impérial. Son architecture allie le style des châteaux palatins de l'époque carolingienne à celui d'une forteresse.

Bamberg und Bayreuth - zwei Städte im Frankenland, die zu Zeiten mit mehr vaterländischem Pathos auch „Weihestätten der Nation" genannt worden sind. Kaiser Heinrich II., „der Heilige" genannt, rief bei der Burg der „Babenberger" ein Bistum ins Leben. So wuchsen an der Regnitz ein Bischofssitz und einer Bürgerstadt, beide verbunden durch das alte Rathaus, das im Fluß auf einer Brücke steht. Bayreuth ist eine alte Markgrafenstadt mit sehenswertem Altem Schloß und einem prachtvollen neuen. In aller Munde in der Welt ist die Stadt aber erst seit Richard Wagner.

Bamberg, the town on seven hills, grew up around the castle of Babenberg. The Emperor Heinrich II gave the little settlement a flying start by making it a wedding present to his bride. Heinrich also founded Bamberg's great cathedral of St. Peter; he and his wife are buried there. The old Town Hall enjoys an unusual situation, balanced elegantly on an island in the middle of the river between the town and the bishop's palace. Without Richard Wagner, Bayreuth would just be one more charming old German town.

Bamberg et Bayreuth sont les deux plus grandes villes de la Haute-Franconie. En 1007, l'empereur Henri II dit le Saint, créa un évêché souverain dans la ville de Bamberg qui doit son nom aux comtes de Babenberg. Un diocèse et une ville de bourgeois se développèrent alors sur les rives de la Regnitz. L'«Altes Rathaus», le vieil Hôtel de ville, se dresse entre les deux, sur une île artificielle. Bayreuth est une vieille ville de margraves avec un très bel ancien château et un autre impressionnant construit à une époque ultérieure.

Auf dem Wege ostwärts kam die Donau vor unendlich langer Zeit an die sich hoch vor ihr auftürmenden Ausläufer des Jura. So wie steter Tropfen hat auch sie den Stein ausgehöhlt und schließlich auf einer sechs Kilometer langen Strecke durchbrochen. Die Reise vorbei an den bizarren Felsen gehört heute zu den schönsten Abschnitten der Donau auf deutschem Gebiet. Bei Kehlheim mündet die Altmühl in die Donau, inmitten des 300 qkm großen Naturparks Altmühltal. Am Eingang des Donaudurchbruchs liegt das Kloster Weltenburg, eine Meisterleistung der Brüder Asam.

Aeons ago, the Danube flowed eastwards to meet a seemingly insurmountable obstacle, a great limestone plateau. Little by little the river carved out a gorge six kilometres long and finally emerged on the other side, hence the name Donaudurchbruch, literally "Danube breakthrough". This valley, with its extraordinary rock formations, is among the most attractive stretches of the Danube in Germany. The exquisite Baroque church of Weltenburg stands near the gorge. It has lustrous frescoes, ornate carving and a striking statue of St George and the dragon in the chancel.

En des temps éloignés, le Danube surgit de l'ouest devant les contreforts élevés du Jura et y perça un étroit défilé d'une longueur de six kilomètres. Le parcours entre des formations rocheuses étranges est un des endroits du fleuve les plus impressionnants sur le territoire allemand. Près de Kelheim, la rivière Altmühl se jette dans le Danube au centre du parc naturel vaste de 300 km d'Altmühltal. Le cloître de Weltenburg, un chef-d'œuvre des frères Asam, se dresse à l'entrée de la percée du Danube.

Altmühl und Donau umfließen die Herzog-
stadt am Fuße des Michelsberges. Die Befreiungshalle erinnert an den deutschen Be-
freiungskampf gegen Napoleon I., 1813-1815,
war jedoch erst 1863 endgültig fertig. Leo von
Klenze baute sie im Auftrag König Ludwigs I.
Der Rundtempel antik-römischer Prägung
steht auf dem Michelsberg, von Donau und
Altmühl begrenzt. Im Inneren befindet sich
ein Kranz von siebzehn Engelpaaren, den Sie-
gesgöttinnen.

Kelheim lies south-west of Regensburg, at the
confluence of the Danube and the Altmühl
rivers. It is best known for the Befreiungshalle
(Hall of Liberation) built by King Ludwig I of
Bavaria in memory of the Wars of Liberation,
1813-15, when Germany was finally freed
from Napoleonic rule. The Befreiungshalle,
which was not completed till 1863, is modelled on Roman temples. Inside, a ring of angels
represents the Goddesses of Victory. Authen-
tic Roman buildings are to be found a little
farther up the Danube in Eining, where there
are considerable remains of a Roman fort.

L'Altmühl et le Danube contournent la petite
ville ducale de Kelheim au pied du Michelsberg. Sur le massif, se dresse la Befreiungshalle (salle de la Libération) élevée entre 1842
et 1863 par le roi Louis Ier en souvenir de la
lutte victorieuse de l'Allemagne (1813 à 1815)
contre Napoléon Ier. La rotonde haute de
58 mètres, de style néo-classique, est une
œuvre de Leo von Klenze. Elle renferme des
déesses de la victoire du sculpteur Schwan-
thaler et 18 statues dues à Halbig représentant les anciennes peuplades germaniques.

„Die Lage mußte eine Stadt herlocken", schrieb Goethe über Regensburg, als er vorüberkam auf seiner italienischen Reise". Die Lage an der Donau lockte schon die Römer, die im Jahre 179 die Stadt hier gründeten als Burg der Königin - und nicht des Regens: Castra Regina. Noch immer führt vom linken Donauufer die über 800jährige „Steinerne Brücke" in die mittelalterliche Stadt, die größte, die sich bis heute so erhalten hat.

Goethe wrote that the site of Regensburg simply had to attract a city. The fact did not escape the notice of the Celts, who built a settlement here called Radasbona, or the Romans, who converted Radasbona into a huge military camp, Castra Regina. Part of the original Roman wall can still be seen in the Old Town. Later Regensburg grew rich through its trade with Venice and became Bavaria's first capital. Not far from the magnificent cathedral of St Peter, with its two slender spires, stands the Steinerne Brücke, a stone bridge dating from 1140 and still in use today.

«Un endroit idéal pour une ville», écrivit Goethe quand il traversa Ratisbonne alors qu'il se rendait en Italie. L'emplacement sur le Danube avait déjà attiré les Romains qui en 179, fondèrent Castra Regina, la forteresse de la reine. On peut encore voir, dans la Vieille Ville, des vestiges de l'enceinte du camp romain. Le Steinerne Brücke ou vieux pont de pierre, âgé de 800 ans, relie encore aujourd'hui la rive gauche du Danube à la cité médiévale appelée Regensburg en allemand.

Im Dreieck zwischen Inn und Donau ist Passau gewachsen, die Altstadt auf der engen Landzunge mit dem barocken Dom St. Stephan und der größten Orgel der Welt in seinem Innern. In Passau machten die christlichen Burgunder des „Nibelungenliedes" noch einmal Rast, ehe sie ins Hunnenland zu Etzel zogen - und damit in den Untergang. Nicht zufällig scheint Passau hier erwähnt zu sein: Vermutlich saß hier in der alten Bischofsstadt auch jener Geistliche, der das Heldenlied als erster aufgeschrieben hat.

Passau lies in the triangle between the Inn and the Danube, with the old part of the town occupying a narrow spit of land and boasting the Cathedral of St. Stephen, renowned for possessing the largest organ in the world. The Christian Burgundians in the Nibelungenlied made a last stop in Passau before undertaking the final stage of their (ultimately fatal) journey to visit Etzel (Attila), King of the Huns. It was probably no accident that Passau is mentioned in the poem: it may have been that the cleric responsible for the first written version of the heroic epic lived

La ville dont la cathédrale baroque abrite le plus grand orgue du monde, est située sur une étroite langue de terre au confluent du Danube et de l'Ilz. Les Chrétiens des chansons de l'Anneau du Nibelung de Wagner firent halte à Passau avant d'aller affronter les Huns et leur chef Attila. La ville n'est pas mentionée dans la légende par hasard: le moine qui le premier a écrit ces chansons de geste vivait sans doute dans l'ancien siège d'évêché.

Die Majestät wünschte sich im Gebirge ein Schloß, das an Versailles erinnern und eine Huldigung an Ludwig XIV. von Frankreich sein sollte. Siebzehn Pläne waren gezeichnet und verworfen worden, ehe König Ludwig II. den idealen Bauplatz fand - auf der Insel Herrenchiemsee, die er 1873 kaufte. Den schönsten Satz hat Ludwig Ganghofer geschrieben: „Herr, wen Du lieb hast, den lässest Du fallen in dieses Land!" Der Mittelpunkt dieses Landes um Watzmann und Untersberg ist Berchtesgaden, ein Ort, dessen Schicksal vor allem das Salz war.

King Ludwig II of Bavaria desired nothing more than a palace in the mountains in honour of Versailles and his favourite monarch, the Sun King Louis XIV. Seventeen futile attempts were made to draw up plans for Ludwig's dream palace, until he eventually found the ideal spot, the Herreninsel in the Chiemsee. He bought the island in 1873. As the Bavarian author Ludwig Ganghofer wrote, „those whom the Lord favours, he sends to live here". Berchtesgaden is the central town of the area around the Watzmann and Untersberg mountains.

Sa majesté désirait un château dans le montagne qui rappellerait Versailles et serait un hommage au roi Louis XIV de France. Dix-sept plans furent dessinés et rejetés avant que le roi Louis II de Bavière ne découvre l'endroit idéal sur l'île de Herrenchiemsee qu'il acheta en 1873. La plus jolie phrase vient de l'écrivain Ludwig Ganghofer: «Seigneur, fais tomber ceux que tu aimes sur ce coin de terre!» Le centre de la région autour du Watzmann et d'Untersberg est la ville de Berchtesgaden dont le destin fut longtemps lié au commerce du sel.

Unter der steilen, für kletterstarke Alpinisten reizvollen Watzmannostwand liegt der acht Kilometer lange und zweihundert Meter tiefe Königssee mit dem auf einer Landzunge gebauten Kirchlein St. Bartholomä.

The precipitous east face of the Watzmann is recommended only for experienced Alpine climbers. It rises sheer out of the waters of the Königssee, which is 8 kilometres long and 200 metres deep. The little pilgrimage church of St. Bartholomew stands in a picturesque setting on a peninsula overlooking the lake.

Sous le paroi est du Watzmann, une ascension appréciée des alpinistes entraînés, s'étend le lac de Königssee long de huit kilomètres et profond de deux cents mètres avec la petite église de St. Bartholomae bâtie sur un promotoire.

BILDNACHWEIS / table of illustrations / table des illustrations

2 Stiche im Textseitenteil aus dem Buch „Bildersaal Deutscher Geschichte"
Archiv Ziethen-Panorama Verlag
Deutschland-Karte: Copyright by Osmipress, Bonn

Rothenburg ob der Tauber ▷